ёッパ学
事始め
観念史の立場から

マンフレート・ブール／シャヴィエル・ティリエッテ 編著
谷口伊兵衛 訳

目 次

もっとヨーロッパが必要か？
　　　　　　　　シャヴィエル・ティリエッテ　5
ヨーロッパの文化，思想
　　　　　　ジョアキム・セルケイラ・ゴンサルヴェス　16
ヨーロッパの未来への視座
　　　　　　　　　ミカエル・フィッシャー　26
ヨーロッパ意識の新たな危機
　　　　　　　　　ジョゼー・バラタ＝ムーラ　44
ヨーロッパの精神的遺産とその現下の具体的顕現
　　　　　　　　　ジンドリチ・フィリペタ　53
精神のヨーロッパに関する五つのテーゼ
　　　　　　　　　エドゥアルド・シタス　69
ヘーゲルの遺産におけるヨーロッパの理念と精神的地理
　　　　　　ジャン＝ルイ・ヴィエヤール＝バロン　81
諸文化のヨーロッパのために
　　　　　　　　　マンフレート・ブール　98

訳者あとがき　109
索　引　111

　　　　　　　　　　　　　　装幀・大石一雄

ヨーロッパ学事始め
――観念史の立場から――

Manfred Buhr/Xavier Tilliette (eds.)
Penser européen
Qu'est-ce que cela veut dire?

©1999, Edições Cosmos, Lisboa
Japanese version ©2004, Jiritsu-shobo, Inc., Tokyo

もっとヨーロッパが必要か?

シャヴィエル・ティリエッテ

(パリ/ローマ)

スローガン「もっとヨーロッパを」とか,「まだヨーロッパは十分でない」とかということは, ヨーロッパ好きの人びと, ヨーロッパ熱狂者たち, ヨーロッパ崇拝者たちの口の端によく上っていますし, これが欧州連合の衰退へのアリバイに役立っています。賭け金もここまでだとしたら, 税金が増大するとしたら, 失業が増加するとしたら, まだヨーロッパは十分でないからなのです。政治的ヨーロッパ, 統合されたヨーロッパが存在すれば, 万能薬となるでしょう。でも, 人びとがこの「より多くのヨーロッパ」を具体化しようと試みれば, 一方では主権在民をますます放棄することになりますし, 他方では規制や強権的介入の増大に当面するだけとなります。人びとが強化したがっているヨーロッパはあまり社会的でも, 連帯的でもないし, 家族政策も, 雇傭政策も, 教育政策もありません。それは経済と銀行のヨーロッパ, 商業競争のヨーロッパなのです。マーストリヒト条約はその沈黙により多くを物語っています! この条約には, 文化, 教育, 諸言語の奨励, 相続財産や美術館・博物館・図書館の保護, 書物の流通, 等に関しては何も含まれてはいません。目下のところ, ヨーロッパが大きな幻滅をともなった大きな希望にほかならないとは何ともおかしなことではありませんか?

経済的に強力で, 政治的に連邦になった, 国境なきヨーロッパ

を作り上げようと欲するからこそ，人びとは諸国民に束縛を課したのであり，とりわけ，人びとは精神，魂を忘却したのです。ヨーロッパ精神もなく，共通の魂もなしに，創建者たちはむなしく建造しています。しかし，ヨーロッパ精神の覚醒なしには，何にもならないでしょう。私たちの運命に結びついた，こういう欧州思想は，たとえ今日におけるように低迷を経験しても，滅びることはできません。ところで，この欧州思想こそが，旧大陸の諸民族どうしの統合と和平の真の原動力なのです。私たちの全課題は，この精神を蘇らせることでなければなりません。この精神は18世紀の，ヨーロッパ黄金時代を通してずっと，さらにはまた，歴史の貴重な別の時期——ルネサンス期，フランス革命とナポレオンの壮図，20世紀の両大戦の間や，第二次世界大戦の直後の短期間——にも勢力をふるったのです。ですから，欧州思想，ヨーロッパの思想やヨーロッパについての思想はいくども出現したのでした。ヨーロッパについての省察は今日，恐ろしく乏しいように思われます。一つには，ヨーロッパの観念が評価を下げたために，人びとはもはやあえてヨーロッパと文明を同一視しようとしませんし，ヨーロッパの普遍的意志が含意する優越感を人びとは怖れていますし，アフリカおよびアメリカの両世界を窒息させた植民地化を人びとは呪っていますし，中国の知恵，インドの哲学や，一般的には，伝達不能なアジア思想……を人びとは賛美しているからです。また確かに，ヨーロッパの傲慢さを責めたり，他のもろもろの文化形態を評価したりするのは間違ってはおりません。それでも，ヨーロッパが——北アメリカの系列とともに——生ける歴史の第一の大河であったし，依然としてそうであることに変わりはありません。ヨーロッパこそが眠れる大衆を覚醒

させ、彼らに知識や不安をもたらしたのです。私たちは彼らからほとんど学びませんでしたが、彼らは私たちからあらゆることを学んだのです。ヨーロッパの誇り、それは伝道したことです。

これから私が立ち返ろうとしている両大戦間の三人の思想家は、彼らの意図の根底に所在する優越感を気にかけていないようです。ヨーロッパの信条についての彼らの表明にはさらに、ヨーロッパ——奇妙にも現下の葛藤を欠いたヨーロッパ、時代錯誤的な精神のヨーロッパ——の存在そのものを脅かす危機状況や、もろもろの危険に関してのきわめて正常な意識も付随しています。

第一次世界大戦の直後に、現代が産み出したもっとも鋭敏な頭脳の持ち主の一人ポール・ヴァレリーは、自らを「ヨーロッパのハムレット」* と同一視し、そしてエルスヌール広場から、災厄をうまく逃れた国々の将来に不安な視線を巡らせています。運命は宙ぶらりんなのです。ですから、ヨーロッパの知性はただの知性だし、文化はヨーロッパと混同されるのです。ヨーロッパは地理からすれば、「アジア大陸の小さい岬」[*2] に過ぎないのです。文明に関しては、ヨーロッパはまったく別ものであり、「地球の真珠、巨大な身体の脳髄」なのです。[*3]「すべてはヨーロッパにやってきたし、またすべてはそこから出て行った。さもなくば、ほとんどすべては」。[*4] ヴァレリーは単刀直入に、この奇跡は住民の質、ヨーロッパ魂、ヨーロッパの特性——未知のものに挑む「忍耐強いパイロット」、「精神のアルゴナウテス」[*5] を絶えず発

  *   「精神の危機」(『ヴァリエテ』Ⅰ), 20頁。
  *2 同上、23頁。
  *3 同上、23頁。
  *4 同上、23頁。
  *5 同書、25頁。

進して止めない——に負うている，と明言しています。けれども，ヨーロッパ精神の拡散に関しては一つの疑念が生じますし，この熱狂的賛辞は別に説明もなく中断されているのです。* しかし，1922年の見事なチューリヒでの講演が，これを補完しています。*2 その表題は「ヨーロッパ人」です。「驚異の張本人」*3 なるヨーロッパ人はその地理的状況によるよりも，ヨーロッパ以前のものとしての，地中海海域から発したその遺産の相続によって抜きん出ているのです。*4 この相続により，ヨーロッパは勝ち誇った現実体となっており，そして，「巨大な都市」*5 として，それは地理的以上の，かつ歴史的以上の実在体ともなっているのです。『魅惑』（1922年）の詩人は，この遺産の成分を分析しています。それには三つのものが，つまり，ローマ，キリスト教，ギリシャが含まれているのです。彼はギリシャの源泉へのえこひいきを隠してはいません。ギリシャこそがヨーロッパに科学を創造させ，その幾何学が建築を生ぜしめており，「円柱，アーキトレーヴや柱頭」は「純粋科学の手足」だし，「精神の機械」*6 の活用なのです。要するに，ヨーロッパという地球の一地域は，ほかの地域とは根本的に異なるし，ヨーロッパ人（homo europaeus）は，ほかでは決して見つからない，「最大限の願望と，厖大な意志」*7 の総体をもって現われているのです。

---

*　　「精神の危機」，29頁。
*2　同書，31–49頁。
*3　同書，36頁。
*4　同書，36頁。
*5　同書，39頁。
*6　同書，47–48頁。
*7　同書，49頁。

8　もっとヨーロッパが必要か？

その後，視界が暗くなる間に，『現代世界の考察』(1933年，1945年2版) は懐疑主義に染まっていきます。すでに見てきたように，彼は「潜在的」ないし「天与の」「観念」，ヨーロッパの感情への関心が――その「地理的表われ」とか，その絶望的な歴史とは別に――高まっていたのです。* だがなんたることか，「ヨーロッパはその思想の方針を持ったことがないのだろう」。*2 ヨーロッパが世界の宗主だったときは，膨大な民衆を備えていました。以下の幻想を捨てた文言は私たちを熟考させてくれるかも知れません――「政治および経済に関しては競争し，比較され，結びつきながらも対決していながら，科学に関しては統一し同盟しているヨーロッパという考えほど，歴史全体を通じて馬鹿げたことはなかったであろう」。*3 事実，この対照はひどいものなのです。《ヨーロッパの偉大さと衰退に関するノート》は，このペシミズムの繰り返しであって，「ヨーロッパ精神とその方策との不一致」を強調しております。*4 なにしろ，「哀れなヨーロッパ人たちはアルマニャック産ブランデーとブルゴーニュ産赤ワインに賭けをするのを好んだ」が，*5 大方は40歳が平均寿命だったからです。しかも，次の言葉の深刻さと焦眉性を指摘する必要はありません――「ヨーロッパはその方策で罰せられるであろう」。*6 これは30年代のことなのです。

---

*　『現代世界の考察』, Gallimard, NRF, 1945, B. 21.
*2　同書，29頁。
*3　同書，28頁。
*4　同書，35頁。
*5　同書，34頁。
*6　同書，34頁。

ポール・ヴァレリーの眼前に伸びていた闇は，まだ勝利の微光に染まっていました。老フッサールの熟考にともなっていた闇は，第二の破局を告げており，彼は障壁を設けようとするのです。有名な著書『ヨーロッパ諸学の危機』* は，警告の叫びであると同時に，切願や，信条表明でもあります。問われているもの，緊急の問題は，「精神的形象」*2 としてのヨーロッパの人間性なのです。これこそが，諸学の女王の周囲に，形而上学，永遠の哲学〔トマス・アクィナスのそれ〕，「全体包括的な」学，「有の全体性の学」*3 を樹立したのです。ヨーロッパでは，普遍知の理想が生じていますし，*4 ヨーロッパではそれの生き延びという問題が提起されるのです。ヴァレリーを活気づけていた静かな優越という同じ響きをもって，フッサールはヨーロッパ精神に，英連邦の自治領や合衆国を組み入れ，かなり奇妙なことに，イヌイット人，先住インディオやロマ人を排除しています。*5 それはともかく，何にもまして「人間性の役をする」*6 哲学者たちが，再生の仕事に呼び出されているのです。観念の学たる哲学が，ヨーロッパ精神の中核なのです。ヨーロッパは西暦紀元前7-6世紀のギリシャに*7精神的出生地——合理性と普遍性の発見——を持っているのだ，と。ところで，ヨーロッパの存在の危機は，シェーラー，ハイデッガー，シュペングラーに代表される，理性錯乱の危機で

---

　*　　『ヨーロッパ諸学の危機』, *Husserliana* VI.
　*2　同書, 318頁。
　*3　同書, 5, 7頁。
　*4　同書, 9頁。
　*5　同書, 318-319頁。
　*6　同書, 15頁。
　*7　同書, 321頁。

あります*……。こういう理性鈍化の脅威に対抗して、フッサールが派手に訴えかけるのは、デカルトおよび彼の警戒心なのです。*² 実際、ヨーロッパの概念は「無限の合理的目的なる歴史的目的論」*³ なのですが、しかしこの概念は常に、社交化され、現象化される必要があります。1935年には、人びとは十字路にさしかかります。ヨーロッパを救うのは「理性の偉大さ」*⁴ だけでしょうし、フッサールは「新しい精神性から不死鳥」*⁵ を、ヘーゲルやシェリングのものだったこのイメージを払いのけるのです。だが、ヨーロッパをうかがうより大きな危険、それは無気力なのです。*⁶

当時には予言的な言葉でして、ウィーンおよびプラハでの講演と同時代の、日付なしのノートでもこれらは裏づけられるのですが、そこでリフレインのように出てくるのは、わ̇れ̇ら̇ヨ̇ー̇ロ̇ッ̇パ̇人̇ (Wir Europäer) というライトモティーフです。*⁷ このモティーフのもとに、フッサールは「西欧のロゴスの現象学的考古学」を探究するのです。*⁸ われらヨーロッパ人は、有限性から無限性への移行——理想化や客観性への移行——臆見(ドクサ)から学的知識(エピステーメー)へ——諸学の発生——哲学を際立たせています。ヨーロッパとは、

---

*　『ヨーロッパ諸学の危機』、439頁。
*2　同書、341, 369, 406, 427頁。
*3　同書、347頁。
*4　同書、348頁。
*5　同書、348頁。
*6　同書、348頁。
*7　V. Angela Ales Bello, *Culture e Religioni. Una lettura fenomenologica,* Città Nuova, Roma, 1997, pp. 44–61.
*8　*Ibid.,* p. 41.

普遍性への呼びかけを意味しており，ここにはまさにギリシャの奇跡がありますし，人びとはギリシャ人であることなしにはヨーロッパ人たることができないのです。* しかし，分銅が存在するたびに，それがあるのは有限性，体験の世界，臆見(ドクサ)，生命の世界(Lebenswelt)や生きた現在においてであり，そこにこそ，デカルトの普遍意識，ガリレイの科学，〔アリストテレス以来の〕第一哲学〔形而上学〕，範疇論，存在の純粋科学は根づいているのです。*² 原質(Ur-Arche)としての大地は滅びないのです。*³

ヨーロッパが後退しその関節を締め直そうとする瞬間にこそ，この偉大な現象学者の警告は再び聞かれるべきなのです。

大変動のまさに始まりに当たり，やはりユダヤ人のレオン・ブランシュヴィク〔(1869-1944) フランスの哲学者。ソルボンヌ，高等師範学校教授〕はソルボンヌ大学で1939年12月から1940年3月に至る冬期講義で，「ヨーロッパ精神」*⁴ について述べていました。これは観念史をたどったもので，その形式や視座においては，ポール・アザール〔1878-1944〕の見事な著作のスタイルとあまり違いはありません。*⁵ つまり，主導原理は進歩によって規定される——換言すると，発展および良心の危機が浸透したことで規定される*⁶——ヨーロッパ，自らが象徴と

---

* *Ibid.*, pp. 46, 48–49, 53 et nota.
*2 *Ibid.*, pp. 48, 55, 60–61.
*3 *Ibid.*, pp. 44（原稿 D 17）.
*4 Être et penser, 20ᵉ Cahier. Mai 1947, Ed. de la Baconnière, Neuchâtel, pp. 173–187.
*5 『ヨーロッパ意識の危機』，3 vols. 1680–1715. Boivin, Paris, 1935;『18世紀ヨーロパ思想。モンテスキューからレッシングまで』，3 vols. Boivin, Paris, 1946.
*6 『ヨーロパ思想』，p. 16.

12　もっとヨーロッパが必要か？

もなっている科学としての，永久に生成し続けるヨーロッパなのです。なにしろ，地理的表現たるヨーロッパが精神の商業たるヨーロッパへと変貌すべきだとはまだ決まっていないからです。*
しかし，ヴァレリーにとってと同様に，ブランシュヴィクにとっても，ヨーロッパとは文化，文明，人類の発祥地を意味しているのです。

　老大家の大ざっぱなこのタブローにおいてただちに驚かされること，それは，ギリシャの第一義的役割です。しかもキリスト教を犠牲にしてまでそうなっているのです。ブランシュヴィクが選んだのは，パラス・アテナの庇護です。ソクラテスはほとんど法外に賛美されており，彼は純粋の英雄，反ソフィストなのです。*2
ですから，キリスト教に属するものは，それがヘラスの恩寵に触れたものだけということになります。『国家』第2巻の素晴らしい描写——嘲弄され，中傷され，歪められ，目を傷めつけられ，鉄鎖をかけられ，磔刑にされているとはいえ——について，ブランシュヴィクはこれは「予言者的イメージ」*3 だが，彼が考えるキリストにではなく，やや過度ながら，ソクラテスのものだ，と言っています。プラトニズムに肩入れしたキリストなのです。この脈絡では，ストア主義がキリスト教よりも重要だと言えるでしょう。*4 御言葉（三位一体の第二位格）の宗教たる後者は，古代から中世へ伝播させられていますが，現実には，プロティノスが——ある程度までは——アウグスティヌスをキリスト教へと導い

---

*　*Ibid.*, p. 187.
*2　*Ibid.*, pp. 31–32.
*3　*Ibid.*, p. 35.
*4　*Ibid.*, pp. 60–65.

たのです。* ブランシュヴィクが私たちの世襲財産たるギリシャ思想の世界の中で活動するためのゆとりがあるにしても，彼はもちろんキリスト教の事実——純粋の御言葉と人となった御言葉（キリスト）の対立，ヨハネ伝の前文におけるアレクサンドリアの弁証法とユダヤ聖書との並置，「聖パウロの歴史横断的信仰主義」と「聖ヨハネの精神至上的知性主義」*2 に由来する二重の霊感——の衝撃を隠すことはできません。でも，力点がかかっているのは純粋のロゴスのほうであり，キリストの十字架を引っ込めるという犠牲が払われているのです。マルブランシュ〔1638-1715〕でさえ，理性による受肉を原理・目的として正当化しています。*3 これは定義および綱領としての価値があるのです。「ヨーロッパ精神はプラトンの観念論において自らを明白に意識したのである。これを定義すれば，合理的方法論の厳格さと，純粋の精神性の存在との間のもっとも幸いな出会いということになる」。*4 透徹した，だが偏った見方であり，これでは，ヨーロッパ精神を憔悴させかねません。こういう見方が，膨脹の敵たる，明晰さに熱中した一哲学者に端を発し，そして，モンテーニュ，デカルト，フォントネル，ヒューム，スピノザ，カント，つまり，一クラスのインテリたちをすっかり飲み込んでいるのです。*5 キリスト教の遺産が十分に考慮されていないのです。同じような限界は，ヤスパ

---

* *Ibid.,* pp. 71-72.
*2 *Ibid.,* pp. 75-76.
*3 *Ibid.,* 80.
*4 *Ibid.,* p. 84.
*5 *Ibid.,* pp. 86-97, 98-100, 103, 107-108, 111-112, 128-135, 136-143.

14 もっとヨーロッパが必要か？

ースとかゲエンノでも見られることでしょう。*

　以上三人の思想家の熟考から明らかになるのは、ヨーロッパについての一義的な考え方であり、これは今日、神秘神学の退化にほかならない、政治の侵入のもと、落ち目に立ち至っています。この考え方を特徴づけているのは、傲慢さ、責任感、遺産価値、文化および精神的価値の優位であり、これを一言でいえば、理性ということになります。ここにこそ時代遅れな局面があるのだ、とあえて言う人ははたしているでしょうか？

＊ Manfred Buhr 編, *Das geistige Erbe Europas* (Vivarium, Napoli, 1994) および拙稿《Europa des Geistes und der Geister》, pp. 41, 43, 47 を参照。

ヨーロッパの文化，思想

ジョアキム・セルケイラ・ゴンサルヴェス
(リスボン)

I

1. 本稿のような一時的報告に求められる総括の努力が行き着く先は，それの曖昧さの中で多様かつ気まぐれな差異を放り込みながらも，不可避な還元と決まっています。常に再考されつつあるヨーロッパなる主題に関しては，すべてがすべて言い尽くされているわけではありません。一つには過去の解釈は無尽蔵ですし，一つにはヨーロッパが規制観念としての形を見せながらも，理想にもユートピアにもなっているからです。私の解釈とて，一つの理解の努力に過ぎませんし，現在が私たちに呼びかける多種多様な訴えかけから始められたものなのです。さりとて，それでもこれはいわゆるヨーロッパ文化の諸傾向——および帝国主義——を前にした，一ヨーロッパ人の診断と自己批判の試みなのです。私の解釈はとりわけ，認識論的な読みになることでしょう。

今日よく見られる言語表現そのものからして，この過程の厚みや気まぐれ振りを露呈しています。時にはヨーロッパを形容詞化したり (Communauté Européenne = CE 〔ヨーロッパ共同体〕)，時にはこれを名詞化したり (Europe Communautaire = EC 〔共同体的ヨーロッパ〕) しているのですから。

相違がないわけではない，こういう二重の表記を前にして，こ

う自問することができるでしょう——共同体の夢によって焦点が出来上がっていて, これの達成はヨーロッパが供するらしい諸条件で促進されるというのか, それとも, これは神話でも歴史でも培われた, 私たちの夢のヨーロッパに過ぎないのか?

けれども, 共同体の概念とヨーロッパのそれとの関係は決して単純ではなく, 若干の難点が即座に垣間見えます。つまり, 共同体の観念が複数的実現を示している——あるのは一つの共同体ではなく, 複数の共同体である——一方, 他方ではヨーロッパの観念が単一性となるべき, 一区画だけの統一を要求しているようにも見えるのです。

2. 実際, ヨーロッパとは, 統一性の, とりわけ普遍性のしるし, 換言すると, 普遍化しうる統一性——単一性の危険——のしるしなのです。賛美の調子で, ヨーロッパ空間内での構成上の差異の数々のことによく言及されますが, はたしてことは真の統一性のもつ多様性なのか, それともたんに, 硬直化した不分明な同じ空間の中に閉じ込められていながら, たんなる交替としての, 逐次的統一性に過ぎないのか, と自問するのが正しいに決まっています。たぶんこの理由からは, ヨーロッパはあれこれの仕方で, "野蛮人たち", "非‐文明人たち", "異端者たち", "破門された人たち", 疎外された人びと——要するに, ヨーロッパではないすべてのもの——とは対照をなすことになるのでしょう。

市民権の哲学は, ヨーロッパの観念を, しかも現代に最大の感度を払って培い続けてきましたが, 統一性そのもののもつこのヨーロッパ的論理を逆転させ得ないことを自ら証明しております。存在のダイナミズムがさまざまな表現のうちに明らかになってい

る以上，統一性や普遍性というぜんまいの圧力は，多様性の溝をかき消した挙句，やがて発動しますが，それでも政治的力域とほとんどいつも同一視されている市民権のユニフォームを強いるのです。したがって，さまざまな人類の，差異のヨーロッパは，市民たちのヨーロッパに，世界全体に及ぶことを運命づけられた一つの政治モデルに，変貌することになります。

3．文化史家，文化理論家，哲学者によってなされたヨーロッパ解読が一様でないのは間違いありません。文化史家の仕事は，全体化的視座への絶えざる誘惑にもかかわらず，時間的・空間的な差異やユニークさのごく近くに彼らを接近させます。文化理論家は，構造の法則に執着しがちですが，文化の多様な顕現のさまざまな様式を避けるのがたいそう困難です。反対に哲学者は本質的課題として不可欠なものや普遍的なものを取り上げますが，このやり方は，文化史家も文化理論家もやはり名残りを留めているものです。

ヨーロッパの観念が好んで考慮されてきたのは，これから私たちが解明することになる理由から，哲学的でないにせよ少なくとも認識形而上学的な——非‐哲学者によって練り上げられたにせよ——範域に従ってなのです。ここにこそ，統一性や普遍性の次元がヨーロッパの観念と両立するという事実の理由はおそらくあるのでしょう。実際，もろもろの構造の文化的な読みは，史家によってなされた解釈の上に積み重ねられているし，次に認識論的範疇に特権が与えられるのですが，それでも依然として，統一性や普遍性の要求を拡大させる，天啓説的傾向に道が開かれたままなのです。知は重要だとはいえ，文化を構成する他の万般のもの

から切り離された，自律的要因ではありませんし，あらゆる文化的ダイナミズムをそれ自身に還元しようとするものです。ですから，知の統一性や普遍性とてもふだんはヨーロッパの観念を支配する傾向があるし，そのために，やはり決定的な他の諸要素で侵食されているわけです。こうなると，知の内部で立証しうる統合運動それ自体が，しばしば演じている役割とは，統一性たるヨーロッパを成就——統合——するためのモデルとしてのそれだということになります。哲学の分野では，複数性を免れるのが難しいことは明らかでしょうが，この複数性はヨーロッパ——およびヨーロッパ化された諸文化——が排他的に，かつその生の特別な表現としてその主役を要求している，斯学の勝利によって，かき消されているように見えます。けれども，こういう現象は，斯学が巨大な規模に到達することに成功した，近代ヨーロッパだけに及んでいるのではないのです。実際，この現象は，統合へのこの傾向の明白な指標たる，ヨーロッパ的思索に永久に付きまとう特徴として認識されうるものなのです。私たちはここから，普遍的知性——この中では，個別的知性（複）の存在，（幻覚ではないにせよ）はかない存在の不安も動き回っています——なる論点の周りに集中した諸問題に立ち戻るとしましょう。なにしろ，一般には，確実性や永続性が帰せられるのは，普遍的知性だけでしょうから。

　この脈絡の中では，歴史的次元のそれであれ，文化的次元のそれであれ，さらには思弁的性質のそれであれ，複数性を認識したり，ましてや，それを奨励したりするのは，たいそう困難になります。けれども，複数性がヨーロッパ内部でまだ或る意味を見いだしうるとすれば，ヨーロッパ的でないものは反対に，決定的に妥当性を喪失しているように思われます。ヨーロッパが他のもの

たち——彼らの野蛮性——に言及するのは、彼らを受容するためではなくて、むしろ自らの固有の名声を練り上げるためなのです。

4．一つのヨーロッパ、一つだけの思想！　だが同じく、この推論ラインに従えば、統一言語のヨーロッパとなります。ですから他方では、言語の歴史がヨーロッパのそれをめぐっての、全言語の統合の過程と同一視されたのです。聖書のバベルの恐怖を追放することがしばしばヨーロッパに引き受けさせられてきたのも、ヨーロッパの統一性を覆しかねない、言語の悪魔的複数性を放逐する目的からでした。

理論的・懐古趣味的観点でのヘブライ語。ギリシャ語、ラテン語、ときには、フランス語、ドイツ語、現代では英語。これらの諸語同様に、ただし、普遍特徴（characteristica universalis）に到達できない限り、U・エコの著書の表題を用いれば、『完全言語の探求』* の仕事、つまり、科学的言語の透明性の到来で祝うべき完璧さの仕事を、ヨーロッパに負担させて、自然言語のもつ曖昧さ、多価性を克服しようと意図されてきたのです。

Ⅱ

5．これは確かに、宿命的で退廃的な、死に至る法則なのではないのですが、私たちはヨーロッパの生の過程において若干の還元主義的な人工論を認めざるを得ません。そこでは、知が——因果としての限りでは——ずっと以前から、責任の大部分を引き受けねばならなくなっています。

もちろん、文化のダイナミズムの基本計画が知的表現において

＊　上村忠男/広石正和訳（平凡社、1995年）。

成就されると断言してかまわないほどに，文化がそれに還元できるわけではありません。人間生活をも含めて，現実なるものの根本的顕現が文化において完成するのは事実ですが，しかし文化とは，諸要因の価値論的階層化や組織の歴史的動きから成る総体なのであって，これら要因も統合，分化，普遍化の志向性によって方向づけられているのです。無数の要因がこの過程では問題になりますが，さりとて，それらのいずれもがそこからはずれて自律することは許されません。全体の構造化こそが意味を授けることになるからです。

　学を文化の頂点と見なすのは，危険な幻想となりかねません。こういう幻想からは知そのものも何らの利益をもあげはしません。知に授けられた，天啓説的色彩を帯びたレリーフが行き着く先は，知が文化運動の作用因・目的因であり，したがって，この運動では統一性と普遍性が探求されるべきだとする考え方です。しかしながら，文化現象のさなかで，知への訴えかけを原因としてではなくて，結果と見なすだけの理由もいろいろとなくはないのです。知とはおそらく，手段——道具——なのでしょうし，学に先行する審級から要求される，統一性と普遍性を達成するのには，明らかにもっとも有効なものなのです。これが事実とすれば，学は文化の始まりでも終わりでもなく，それでも，文化に奉仕するまさしく道具であり続けることになります。ヨーロッパの文化的表現は性急にも統一性と普遍性へと急いでいますが，この理由は，文化の地平が知であるに違いないからではなくて，むしろ，ヨーロッパ文化のさなかで，はなはだ活発な他の諸要素——二元論やグノーシス主義的なものといった——が多様性を認識したり促進したりするための理由を見いだしていないからなのです。

この脈絡の中で，グノーシス主義的特徴を払拭(ふっしょく)しきれないかに見える，ヨーロッパ合理性は学を自らの成就のための特権的な道と見なしており，そこでは統一性がもろもろの差異に押しつけられ，何とかして差異を根絶しようと努力が払われているのです。

　6．文化運動を単純化する不安なしに——逆に，私はそれの複雑さを示そうとしているのです——言えることは，文化は不定形なものであって，その歴史的発達に沿い，統合・分化・普遍化という三つのヴェクトルをたどるということです。これらに干渉するものとしては，諸文化の調和や諸様式とか，諸様式のうちの一つが他のものに対して極度に優れているために起こりうる不均衡とかがあります。少なくとも他の文化的表現と比較してみると，ヨーロッパがとりわけ統合と普遍化のヴェクトルを伸ばしたことを認めるのが正当なように思われます。文化の過程において知の要因の発達を刺激するのは，なかんずく，普遍化のヴェクトルなのです。

　7．普遍化-統合の動きはヨーロッパ世界の様式の表現としての限りでは，肯定的に解釈されてもかまわないとはいえ，やはりそれでも，この動きは分化の座標をさえぎりかねません。しかしこれなくしては，抽象的な普遍化に至らざるを得ないでしょうし，文化に不可欠な諸要因が排除されてしまうでしょう。ですから，絶えず文化の肥沃な土壌に立ち返るよう促して，学のそれといったような，単純化された諸要素から，より複雑な層へ，文化が場合によっては形式化される抽象的統一性から，多様な要因が交錯し合う領域へ，と戻らねばならないのです。これの困難さをパラ

ダイム的に感じていたE・フッサールも、まさしくヨーロッパなる主題に関して、知はすべて複雑な生の世界（Lebenswelt）から湧き出る以上、知がとっくに回避している再度の照会（Rückfrage）＊を強く求めております。この思想家が語っている諸学の危機は、ヨーロッパの危機、同じ根深さによる共通の危機、と見なされて当然でしょう。

8．同じ危機的見通しから、フランスの現象学者M・メルロ＝ポンティは今度はこの考え方を自律的で透明な事柄としてではなく、むしろ文化摂取の過程のさなかに見ることにより、世界構築の活動の中にそれを導入してこう言っています。「すべて観念化は［とメルロ＝ポンティは書いています］私のもろもろの持続というこの樹木から生まれる。この知られざる樹液は透明な観念を育てる。観念の背後にあるのは、現実のありうべきあらゆる観念の、統一性、同時性、唯一の存在の始めから終わりまでの結束性である。本質および観念の連帯性の下にあるのは、時間の実質たる、経験の織物である」。＊2

ヨーロッパを文化に戻らせることは、一方では、それの複数性を話題にすることですし、他方では、知のそれ以上に、他の諸要素を引き立たせることなのです。

欧州共同体の成立のダイナミズムが強調し続けている複雑性へこのように立ち返らねばならないという事実は、何も政治的次元だけに限定されるべきではありません。なぜなら、こういう次元

＊　『ヨーロッパ諸学の危機と超越的現象学』、36頁。
＊2　『可視的なものと不可視的なもの。作業ノート付き』、Gallimard, Paris, 1954, p. 150.

だけの占有的結果が隠している同じ理由から，学の崇拝や，ほとんどもっぱら学だけの開発へと導かれたのですから。

　他面，文化——諸文化——に戻るということは，同じく複数の思想との出会い，（またしてもメルロ＝ポンティの示唆的用語を用いるなら）"野蛮"状態にある諸思想との出会いを意味します。その目的は，普遍的知性なる主題との関連においてもそうでしたが，地域的な事柄にとっての存在の権利を獲得するためなのです。文化への回帰にはさらに，科学の数量的装置では感じ取れない，無数の要因の考察が前提となります。認識論の領域そのものでは，この回帰はさらに，哲学/科学の関係の見直し，特に存在論への西欧哲学の不信の見直しを強要します。存在論が専念しようとする対象は，最大の統一性の要請を忘れることなく，多様性を探ることだからです。

　9．西欧文化の普遍化的ヴェクトルを立て直すことがときとして，グローバルな均衡を傷つけがちで，分化のダイナミズムを犠牲にしながらもヨーロッパ中心主義を優遇してきたにせよ，それでも，そのことはヨーロッパの生そのものの内部ばかりか，これと関係させられているであろう諸文化との絡み合いでも重要な役割を演じ続けることができています。諸文化がときにはヨーロッパそのものへの防衛行為からそれぞれの殻に閉じ籠ってしまい，（今日なら"諸文化の出会い"と訳されるものを）促進するはずの，普遍化のヴェクトルを展開させないことも稀ではありません。こういうヴェクトルは，具体的普遍性を実現させるのであって，非ヨーロッパ諸文化の細分化にも，いわゆるヨーロッパ文化の抽象的普遍化——エリック・ヴェーユの言葉を用いるなら，「共通

基体，客観的で非人間的な超世界」*──に対抗するものなのですが。

　西欧文化のこの普遍化的な様式は，これが唯一の方向とならない以上は，ポストモダンのこの時代には殊に好都合なことが明白です。現代では，もろもろの言説が霧状化されていますし，もろもろの共同体は奇妙にも石化してそれぞれの殻に閉じこもっているからです。

　さりとて，人類全体や共同体全体の集合する能力を断念するには及びませんし，この能力は西欧文化のキリスト教的生気によって常に皷舞されることにより，私たちの小大陸を上回るべき友愛の視界を引き出してきました。この小大陸は世界の全市民の期待を満足させると信じているにせよ，人類全体の熱望を収容するほどに広くはありませんが。もしも地球が引き裂かれるとしても，アルベール・カミュが強調しているように，「わが同胞はわれらと同じ空の下で呼吸する」*2 ことでしょう。

---

　*　　*La logique de la philosophie*, Vrin, Paris, 1985, p. 267.
　*2　*L'homme révolté*, Gallimard, Paris, 1951, p. 366.

ヨーロッパの未来への視座

ミカエル・フィッシャー

(ザルツブルグ)

1. 歴史のクイックモーション

　数年来，ヨーロッパは実際に優越するいかなる母型ももたない，混乱，葛藤と野蛮に満ちた時代の中で，テンポの速い歴史を過ごしています。内部からも外部からも生じた浸食作用に屈するおそれがあるのです。基本的な矛盾がいくつか見られるのでして，それは統合と分解，国際化と増大しつつある地方主義，均衡の不安と新たな権力への野心，のそれぞれの同時性のことです。東欧の諸国圏がかつてそうだったように，影響地帯の画定を容易にする敵対者との対決はもはやありませんから，ヨーロッパはどうしてもそれ固有のデータから出発して積極的に創造されねばなりません――欧州統一のヴィジョンを雑然と放棄しない限りは。こういう事態は一連の問題，たとえば，素朴かつおめでたい楽観主義と，他方では，過度の悲観主義との間から生じる緊張，といった問題を現出させています。

2. 未来の文化の不安定さ

　ヨーロッパ統合に関するあらゆる文書のうちに見られるのは，「未来を断固選択しよう！」という勧告です。ところで，ヨーロッパの精神構造は私たちにまったく別のものを示しています。私た

ちは未来の明々白々な欠如に苦しんでいるのです。あえて言うなれば，もろもろのユートピアの地下の流れは粉々に砕けた……のです。メディアによって"買収された"未来なる観念は，陰気な灰色にまみれています。新たな黙示録の前ぶれは，もろもろのユートピアの終焉，それどころか，文明全体の終焉を告げています。しかしこのことは，それなりに現実の意味を豪も示しているのではなくて，ただ想像力の欠如を示しているだけなのです。もろもろのユートピアの終焉を告げるこれらの言説が流行していますが，それは一方では建設的な考え方の耐えがたい欠落を慰めることにより，大多数の現実主義的な見方をちらつかせているからです。こういう過度の悲観主義は，確信と誇張との奇妙な集まりなのでして，若者たちの創造力を著しく麻痺させることにより，現実をだめにする恐れがありますし，こういうことは多数の経験的分析によって証明されています。ところで，筆者が未来についてなそうとしている考え方は，無視し得ざる一つの基準なのです。なにしろ，この考え方は私たち自身についての捉え方や，私たちの"自己実現"（self-fulfilling）のための努力のダイナミズムに対してはなはだ強い影響を及ぼすからです。

3. 悲観主義と暴力

もっとも危険な悲観主義は，結局のところ，忘我的な未来嫌悪に過ぎないそれです。敵対的イメージに没頭して，それが喚起するのは，時代錯誤的な葛藤であり，またネオナチズム，人種差別，ジェノサイド，時代遅れな暴力行為といったような，古めかしいイデオロギーへの後退です。ニーチェもすでに疑っていた，「獣性の手なずけ」の失敗のことを考えるのがよいでしょう。もしも

私たちの現代文明がうぬぼれの強い自己中心主義のうちにこれほどまでにまどろみ続けるならば、もはやこういう恐るべき獣性や暴力の襲撃に抗するべきものを持たなくなるでしょう。この脈絡の中で、ハイナー・ミュラーは「敵対イメージ抜きの生の恐れ」をさえ口にしていました。1997年のヨーロッパでは、暴力の恐怖が市民階級の危惧の連なりの中で筆頭に立っていました。しかもこの恐怖は小市民的精神も、反動的思想をも反映したものではなく、それは現実の、しかも根拠のあるものでもあるのです。多くの点で、ヨーロッパの現実は反ユートピアに似ています。

4．一例——ユーロ・ナチス

この意味で明白な一例は、ユーロ・ナチスがまたも「血の国境」を唱えて、民族なる概念をば人種と文化との両観念を統合しうる橋として不当な解釈をしているという事実です。ユーロ・ナチスはドイツ、オーストリアばかりか、スロヴェニア、ハンガリー、イタリア、フランス、スペイン、ベルギー、ロシア、ウクライナ、チェコ、オランダ、そのほかにも存在します。ユーロ・ナチスは正常な生息場所(ビオトープ)に生きる生物学的国民をそれぞれ要求しており、白色人種で統一されたヨーロッパを、ヨーロッパにおいて可能な唯一の国民と見なしています。極右の花形理論家アラン・ド・ブノワは、ヨーロッパを無傷な「生命文化の統一体」と規定しています。

5．差別人種主義

この問題への評言によれば、この"真実"こそ"文化の源"を成しており、ヨーロッパ人は自分自身のうちにしかこれを発見で

きないということになります。万人の間に有効な権利は民衆の権利なのであり、なにしろブノワにとっては、人間自体は存在せず、存在するのはそれぞれが固有特徴と固有法則とを有する諸文化のみなのです。ユーロ・ナチス運動がわざと実現しようとしているのは、反‐ユートピアなのでして、生き残るために闘っている諸文明の集団的対立から結果する「万人の万人に対する」この闘いという、ホッブズに端を発した神話に直面しているのです。終末論を絶えず揚言している右翼の思想家たちが見ているのは、方向づけの最終的確信と最終的目印だけであって、それは、両立しがたい諸文明を分け隔てる乗り越えられぬ障壁のことなのです。(生物の)種の血と結合した文化的アイデンティティというこの定義により、彼ら思想家たちは、普遍的に妥当な人権なる観念を放棄し、これを"差別的人種主義"に置き換えているのです。すべての、またはほとんどのヨーロッパにおいて、ユーロ・ナチスは今からすでに、彼らの主要目的を達成してしまっています。その目的とは、極右の擁護する諸"価値"や理念に対しての、社会的免疫性を解消することなのです。

6. 経済的データー

この黙示録的ムードが同じく私たちの経済状況にも属していることに言及しなければ、良識に逆らうことになるでしょう。巨大化して現実の脅威となった経済危機の結果、私たちに生じた社会的雰囲気の変化がショックを引き起こしました。多くの人びとにとって、貧困が日常の実存の危機だということは、理解されているのです。このことが何を意味するかと言えば、経済の大成長の時代が過ぎ去ったという確信を、西欧世界がその内心で認めてい

るということです。

　社会主義の経済的・文化的な大ヴィジョンは幻想だと判明してしまいました。中流階級のスタイルに沿ってすべてのヨーロッパ人（つまり，たんなる人びと）が生きられる，ということはあり得ません。そのためにはお金があまりにも不足しています。"世界の中流階級化"なるユートピアはブレーキをかけられたのです。消費と信教の風俗習慣の無際限な極致は，中流階級や，それとともに，社会階層において上昇したがっている下層階級が夢みてきたことですが，これははるかに遠ざけられたようです。米語"下降取引"（downtrading）は"下方への"この新傾向を想起させます。同様に，人生の意味の資本主義的な解釈，線状の上昇的な出世観もますます傷つけられて，打ちひしがれた大メタファーと化しつつあります。

7．順応と不安の諸問題

　さりとて，極右の傾向をたんに，政治理論とか，個人心理の政治的ないし病理学としてのみ分析すれば，この傾向の影響力をみくびることになるでしょう。ここで本質的なことは，現在の社会構造のいくつかから生じた順応の問題です。社会が個別的情報をさらに尊重するようになり，そして，このことが引き起こす危機が増大するにつれて，ある部分の人びとは罪責感や信仰の厳格な体系の必要性を感じるようになります。これらのイデオロギー体系は全体主義的に，"人間全体"──その金銭，その魂，その諸問題──の加入を要求します。その代わり，その責任を引き受けます。見返りとして，人びとは社会に定着し，思想・感情のメカ

ニズム，さらには明確化された敵対的人物をも社会に供するのです。

　不安を埋め合わせることが問題になるや否や，民主主義は危険に陥ります。恐怖を抱く人は変化を恐れて，保護を求め，巣をつくり，外国人を避けますし，計画や議論を警戒し，ついには敵を指し示したり，妥協なしの"決定"により，一挙にすべてを改善すると約束したりして，力を誇示するあらゆる人に追随するに至ります。こういう諸問題に当面して，「未来の選択」という言葉はいったい何を意味するのでしょうか？ ポストモダン批評によって解体されたにもかかわらず，「未来を生きる」適性をもとの文化の中から汲み取ることは可能なのでしょうか？

8．文明への称賛

　いつの時代にも，ヨーロッパは矛盾，論争，闘争の場裡でした。ところで，重要性を帯びた段階，それは，人びとが文化的相違ではなくて，人間の若干の必要性や諸問題の連続のほうに専念するようになる段階でした。地方的，文化的，宗教的ないし政治的自律性を獲得するための凄惨な闘争は，啓蒙の世紀のフランス哲学者たち，英国の文明論者たち，18世紀のドイツ人文主義者たちに行きつかせた結論，つまり，"文化的野蛮人たち"の文明という観方は，今日にまでずっと範例となっています。この文明の実用的手段は，ディドローの『百科全書』，カント哲学，合衆国憲法，フランス革命下の人権宣言でした。これらのテクストは，普遍的，共和主義的で，社会革命的な文明観――したがって，原則として，未完のヴィジョン――を反映した手段なのです。

9. 中立的権利の国家

　ジャン・スタロバンスキやベーゾン・ブロックが強調しているのは，啓蒙期以来，諸科学・芸術・国家・社会の各分野において，文明なる語をば，調停により，人種・民族の文化的アイデンティティ，信仰，権力欲を中和させる試みと解すべきだ，ということです。法治国家は，これらの文化やこれらの文明が正義や法律，社会秩序や市民形成に偏狭な影響力を要求しない限りにおいてしか，文化的自律性を容認することはできません。人びとがヨーロッパ（および世界全体）における生活を保証する共通要素（複）を，未来になおも見いだすとしたら，それらはもちろん，宗教的確信でも，政治的主張でも，普遍文化的 "一様性" でもないでしょう。これらを結合しうるような新しい要素（複）は，主として諸問題――いかなる文化，いかなる宗教，いかなる政党綱領によっても解決され得ないような――との対決のうちにこそ所在するでしょう。そういうものにはたとえば，世界規模のエコロジー的諸問題とか，世界経済の枠内での公平な分配に則った天然資源の開発（もしくは保護）の問題とかがあります。

10. 提唱された意味の混乱状態

　未来のヨーロッパ観のために結果すべき条件はどういうものなのでしょう？　絶えず変貌しつつある社会には，楽観主義の価値目録が必要です。ところで，アメリカの「肯定的に考えよ」（Think positive）という素朴（かつナイーヴな）呼びかけは十分ではありません。現代の情報通信文明のネットワークは，間違いなくいろいろの意味を提起しています。これらは厖大でして，

カオス状の記号体系に似ており，この中で人は易々とあらゆる方向づけを喪失しています。そこでは知はもろもろの感情に溶解しますし，しかももろもろの意味の脈絡にあっても，これらは商品世界でしかもはや触知できません。ところで，ほとんどすべてが商品と化してしまっているのです！

　すっかり"メディア化された"私たちの世界では，政治，科学，芸術は，商品の範疇に属する基準に屈服させられています。たしかにそこで問題となるのは，死活的必要の最低限の満足を超えた取り引きですし，また各人がそれぞれの選択によって目ざすのは，そういう満足とははるかに別のものです。各人が飛び込みたがっている世界は，そこの人生観が自らのアイデンティティを確保するために自らの個性の反映を見いだすのを可能にしてくれる世界なのです。ヨーロッパの未来，それは，ヨーロッパの未来のアイデンティティの問題なのです。ところで，アイデンティティのいかなる問題も，当初は，価値の問題を提起します。

　しかしながら，民族への訴えかけはしばしば，窮地に陥ります。なにしろそれははなはだもつれた新世界に直面して，古い価値の透明さを払いのけるからです。ところで，これら古い価値とても，これらが関係する世界とまったく同じように"くたびれて"います。私たちは新しい価値を見つけるよう努力せねばならないでしょう。価値のいかなる変更も古い目録の破壊を前提とする以上，厄介な試みなのですが。こういう複雑な事態に直面して，私たちは順応されるべき価値を展開させようと試みるべきでしょう。まず第一には，価値（複）というものが永遠であるどころか，私た

ちの行動の制御体系の一部を成していることを確認しなければならないでしょう。私たちは銘々それらの価値をあれこれのロマンティックな考え方に結びつけているにせよ、それらは第一に、激化する社会的葛藤のいくつかを阻止する、たんなる調節装置なのです。それらは文化的調整の結果であり、ハンス・マグヌス・エンツェンスベルガーの決まり文句によれば、「分子的内乱」を阻止するのに寄与する「精神の制度」なのです。価値(複)をただ道徳的基準だけに則して解釈すれば、それらの真の本質──社会的規制体系であるという──を誤解することになりましょう。それに、多くの価値はしばしば、かなり奇妙に"創出"されるものなのです。

11. ブランドのいろいろ

日常の美学では、多少なりとも掘り下げた考えでも、民主化の段階と講和の段階との関係について問われるや否や、驚くべき結果を見せています。ブランド崇拝が重きをなすところでは、文明は進歩しました。50年代の間に"コカ・コーラ"のシンボル・マークが、オーストリアやドイツにおける影響力により、ハーケンクロイツのそれに取ってかわったという事実は、若干のブランドに結びついた民主化の潜勢力を露わす徴候です。共産主義の瓦壊に至った、些細ならざる要因の一つは、マクドナルドとかリーヴァイス社製ジーンズといった商品への所有欲だったのです。ライプツィヒのあちこちの街路では、カウボーイ・マールボロが少なくともプロテスタント教会と同じぐらいの役割を演じたのです。自由と冒険──これらに抗し切れる人がいるでしょうか？ ろうそくでのあらゆる訴えかけやあらゆるデモ以上に、若者の流行の

大コンツェルンこそが，再統一後のドイツに出現した過激ネオ・ナチスがさらに恐るべきものとなるのを阻止したのでした。実際，80年代後半の間に，ベネトンとかアディダスといった数々のブランドや商社は，連邦閣僚全体より以上の効力をもって，「多文化的寛容と文化」なるテーマに賭けたのです。その結果，確立した世間一般のイメージや暗号化された言語を活用する巨大宣伝の助けにより，それらはこういう観念を集団意識の中にたたき込んだのです。コカ・コーラの宣伝が頭上に広がらない国，それどころかアラーの剣とか専制君主の権力が生活全体を規制している国にあっては，抑え難い消費の病いによって退廃させられた西欧諸国におけるよりも，事態が必ずしも良くなってはいないのです。

12. 価値基準

　私たちの価値図式は"すり切れて"おり，枯渇しています。そうなっている理由は，その歴史をたどるときに現われてきます。つまり，

　1°　真・善・美なる昔の価値は，宇宙秩序の調和の中に結合されており，その統一性は完全なる一致，それどころか，それらのユニゾンのほうに向いていた。

　2°　近代の始まりにおける価値の分化は，マクス・ヴェーバーにより，価値尺度の多神教として記されている。この意味は，真・善・美が今やそれぞれその専門家を形成する，まったく不同な学問に属しているということである。認識の探究者はもはや美に没頭しないし，芸術家は人生について何も知らない。世界を合理化するために，厳格派は自らの殻の中に閉じ込もる。

　3°　近代の特徴たる価値の変貌は，カオス，病い，醜，当て

にならぬ見かけ、を復権させるに至っている。往々にして、近代芸術は醜の美学に取り組んでいる。病いがわれわれの最良の能力の知られざるものとして分析されている。認識は真理の探究を放棄して、フィクションや補助的構造を用いて作業している。それゆえ、カオスがもはや秩序の敵としては現われないで、反対に、もろもろの可能性に富んだ肥沃な土壌として現われている。エリック・ホブズボームの言葉によれば、「極端の時代」が繁栄するのはそこなのだ。

4° ポストモダンの価値基準は次の状況を示している。すなわち、西欧文明はもはや基本的ないかなる倫理的方向をも提示できないし、また、今日、道徳的基礎を創出するいかなる機会ももはや見当たらないから、過去の芸術的・様式的基準に対してなしているように、諸価値に対しても純粋に修辞的かつ無動機的に言及している。このことは政治的、広告的、芸術的な無数の顕現において確証されうる。

13. 擬似道徳および偶像崇拝の演出

各個人は価値の"コラージュ"を打ち立て、それにより、道徳、もしくは「擬似道徳のショー」すらもの真の演出を実現しています。現代の精神は各人に然るべき義務を要求するのです。観念論はよく売れます。ところで、自然、環境、アイデンティティ、連帯性、アンガジュマン、等といったような、若干の魔法的な言葉に敏感な観念論者たちこそが、まさにそうなのです。こうして、世界への責任感という幻想が生じます。ところで、ここで問題になっているのは、もちろん現実の価値(複)なのではなくて、人が崇拝したり、尊敬したり、もしくは非難したりできる（肯定的ま

たは否定的な）偶像なのです。数年前まではまだ，最強力な肯定的偶像は"社会"でした。制度としての社会主義が崩壊すると，献身の必要性は社会を放置して，自然や創造性に肩入れしたのです。エコロジーが神学に，芸術が精神性にますます頻繁に取ってかわるようになっています。

　一見したところ，こういうすべてのことはやや反世間的態度に似ています。しかし，では今日の人びとはいかなる信念に執着すべきなのでしょうか？　どの方向に没頭すべきなのでしょうか？　政治が嘆かわしいほど挫折してしまったことを，どの世論調査も証明しています。擬似道徳の喜劇は明々白々ですし，それは文化政策の分野にさまざまな結果をはっきりともたらしています。今日，政治は他のもろもろのそれと競争する商品として市場に存在しています。そこでは，政党は政治組織の担い手としての伝統的な役割を喪失しているのです。政治が帯びた商品としてのこの性格から，宣伝的なメディア産業にも，"広報活動（PR）"産業にも帰せられた価値が，（演出と"様式"とが"密着"せざるを得なくなるにつれて）増大しつつあるという事実は，説明できるのです。その結果として，スポット広告に似たエステ化された政治が生じてきます。政治家たちはショービジネスのスターと化しており，そして，娯楽産業を支配する原理に屈服しているのです。

14. ユーロ・ナチスの民主制

　もちろん，個別化と近代化という今日の普遍的過程を考慮して分析し始めるや否や，違った問題がまたしても提起されます。だからこそ，今日，民主制の未来という問題に真の緊要性が授けら

れているのです。私見では，政治的アイデンティティと文化的アイデンティティとの関係が，この意味での本質的な出発点であるように思われます。極右の政策という歪んだイメージを想起すれば，そのことがはっきり見て取れます。そこでは，民主制は価値そのものではなくて，――ナチスの運動にとってそうだったように―――民衆がその運命に参加することなのです。

ブノワによると，私たちは社会や民衆が以下の条件の下で良識に基づいて行動するよう主張せねばならないことになります。
 1. 彼らが文化的・歴史的起源を意識していること，
 2. 彼らがエネルギーを結集することができ，かつ運命の触媒者として奉仕する心づもりのある――個人的もしくは象徴的な―――媒介者の周りに身を寄せ合うこと，
 3. 彼らの敵の名前をあげる勇気を持ち続けること。

それゆえ，民主制は排除の宗教の意味で再解釈されているのです。ますます大きくなる近代化の圧力のもと，右翼の過激主義は，人種差別，外国人嫌い，暴力を，社会工学の手段と見なす，政治理論と化しました。こういう民主制の考え方が幅をきかせるのを阻止するために，用心して警戒すべきでしょう！

15. 民主制の危機

他方，欧州連合によって樹立された民主制の概念とまったく同じように，私たちのもろもろの民主制は議論の余地のない危機を経験しています。なにしろ，それらの構造の有効性が疑われているからです。経験的データーを比較してみると，現在の民主制が，

多くの分野で今日提起されている複雑な諸問題を解決し得なくなった組織だということが明らかになります。とりわけ批判されているのは、官僚的中央集権制や、その"組織化された無責任制"の原理です。そのほか、行き詰まった道や構造に則ってなされた決定の数々が、あらゆる自発性、あらゆる創造性、あらゆる可動性、そしてあらゆる社会参加への気持ちを麻痺させています。官僚制度に対しては、その警戒心崇拝が非難されております。つまり、信頼心崇拝を樹立する代わりに、最小の失敗をも避けようとしたり、また、革新的手段による成功を探し求めようとしたりといった努力をしているからです。民主制の再編はヨーロッパ一円に不可欠なのです。けれども、それは「上から」命ぜられることはできないでしょうし、ただすべての社会集団の努力によってしか成就され得ないでしょう。このことは私たちには明白に思われるはずです。同じく、そのために若干の多メディア構造を活用する可能性も研究すべきでしょう。

16. 公民協定

複雑な改革の実現には、政策と市民との間の安定した協調が前提になります。実際、いかなる民主制にあっても、政治家と市民という二グループにのみ責任はあるのです。ですから、彼らは一致協力して、公民的協力という出費を再考する仕事を引き受けるべきなのです。経験の証明するところによれば、市民はこのためにはいかなる婉曲表現も要求しないで、未来に関する現実主義的省察を望んでいます。増大しつつある経済的危機という脅威が社会的雰囲気を一変しかねないということも、やはり考慮に入れられねばなりません。もっと民主制にかかわるよう要求する人びと

なら，賭けに値する目的として新しい民主化を現出させるような，動機づけや社会文化的資源を失業者たちがどこで見いだしうるか，と問われていることを認めるべきでしょう。公道の失業者たちを連れ戻すことに成功する人なら，同じように，政治的計画に関しても一貫している結果になるでしょう。このことは，人が欲しようが欲しまいが，一つの審判なのです。変革の過程は戦略的に有効で，入念に立案され，巧みに導かれねばなりません。さもなくば，市民が自分自身を"縮んだ"役割に陥ったと見るようになる危険を人は犯します。つまり，市民は組織からの除外者になるか，あるいはさらに，自分に属する他のもろもろの役割——たとえば，有権者，決定の審判員，もしくは責任の担い手，といった役割——を拒む消費者となるでしょう。

17. 転覆の末路

　いずれの個人も，どういう個人的態度を表わそうとも，しるし，メッセージ，進展の複合的組織に属しています。この意味では，彼はそもそも自律的な人間ではないのです。ところで，主な流れを率いているのは，この流れから遠ざかりたがっている人びとなのです。今日，私たちは一種の相違の順応主義に直面しております。社会的に組織された環境の"事件"や下位文化が，ブランド品となっています。下位文化のない民主制は，開かれた民主制ではないでしょう。人びとがそこで省察したり，書いたり，実行したりしているのは，公民生活の図式に当てはまらないものです。でも今や，人びとはやじ馬の貪欲さをもって，陳腐なマス商品を市場へ投入しています。またはむしろ，人びとはいわゆる"代替的な"社会参加，政策，芸術のためにそれらを売っています。反

逆者がテレヴィのスターとなり，"代替的な"興行ホールが娯楽産業の原動力となるでしょう。ずっと以前から，"相違して"いることは，もはや"転覆"のしるしではありません。きっぱり告げられた"ノー"は，もはや何も否定しているのではなくて，ただちに商業化されるでしょう。その結果として出てくるのは，後退の欠如，もっとも微妙なニュアンス——感情であれ，道徳であれ，美であれ——に対しての感性の欠如なのです。「情念よりも買いやすいものは皆無だ！〔中略〕人はこのために何かを学んでおく必要はない」，とニーチェは言っています。実際，今日，文化は誇張で置き換えられていますし，このことが変革計画の有効性にとって，一大問題となっているのです。

18. 創造的民主制

誰も世界を再発見することはできませんが，人は常にそれを別様に解釈したり，興味深くしたりすることを再開始することができます。知的人物にとって，この問題は若干の情報そのものにあるのではなくて，これら情報の「扱い」方，つまり，これらへの解釈にあります。"文化資本"だけが，創造的解釈を可能にし千変万化のネットワークにふけることを許容する，諸知識の根底なのです。ヨーロッパにおける民主的考えの発達にとって今後決定的なのは，二つの局面でしょう。つまり，一方には「参加の民主制」への傾向，他方には「創造的民主制」（アラン・トフラーおよびジョン・ネイズビット）のそれ——型どおりの政治と未来の政治との厳密な区別への傾向——があるのです。金融の側からといった，諸組織の観点に立って，私たちは既成の政治から私たちの想像力の"所産"を切り離すべきでしょう。多くの分野で，既

成の政治は不能になっています。権力を握った政治家たちは，創意豊かな想像力とか"代替的"計画の活用を，あれこれの選挙日に――したがって，好機の計算に――結びつけてもまったく無用なことを必ずしも理解していません。このことから，すべてが空疎な約束とか政治的割り前とかといった渦の中に巻き込まれることになるのです。

金融の面でも，組織の面でも，想像力が政治の領域から切り離されていたなら，私たちは異なった，ときには矛盾さえしたシナリオを，故意にかつ組織的に展開できるでしょう。将来，ヨーロッパの政治は旧い敵意をもはや復活させることはできませんし，それどころか，新しい理念，形態，同盟を提唱すべきでしょう。競争としてではなくて，自律した社会組織の表現として定義されるような政治運動だけが，成功の機会をもつことでしょう。たしかにこのためには，理念としても組織としても，社会に対しての徹底的な開放的態度がまず前提になります。

19. 未来への方向

それぞれのデーター次第で，調整可能な，厖大な処女地を未来は供しています。これとは別に，ヨーロッパが問題を起こすとすれば，それは私たちが誤った未来をそれに考え出す場合だけでしょう。とりわけ，2000年の世紀末が近づいたときには，"未来"の考えがあらゆる未来政治の言わば魔法的な構成部分となりました。楽観主義者たちの提案した世界像は，悲観主義者たちのそれと同じように強化され先鋭化されましたし，どちらも優位を得ようと争いました。この脈絡では，ゲルト・ゲルケンが「不安

への傾向」(「帝国全体」,「進歩は挫折した」) と, 最終勝利への新たな信念 (勝利精神 winning spirit——われわれの知性の増大はわれわれの諸問題のそれよりも速い) との間の葛藤を話題にしています。これら二つの傾向は, これらの決戦を開始しました。そして, 文化の進歩もこの最終戦の結末にかかっています。その結果として, 民衆の合意の内部に対立が生じました。つまり, 社会の一部は罪責感により, 過去へ向いていますが, 他の部分は, 私たちがはっきりと立ち向かうべき諸問題を克服するように提唱して, 諸理念やこれらの適用のために直ちに勇気や知性や精神に訴えています。未来を勇敢に敢行すること——このプログラムの魅力はほとんど魔法的です。ここから, ヨーロッパでは新たな葛藤が浮かび上がり, これが絶えず増大し, もう時代遅れとなった方向の解決策や図式に属する伝統世界を, 決定的に破裂させようと脅かしつつあるのです。

ヨーロッパ意識の新たな危機

ジョゼー・バラタ＝ムーラ

（リスボン）

1．"ヨーロッパ風に考えろ！"

あるところでは「ヨーロッパ風に考えろ！」(eurpäisch denken!)ということが，あらゆる厄介なコメントを乗り超えるために訴えかける万能の指示として響いているようです。

この観点によれば，"欧州連合"なる望ましい構想に陥って，歴史という具体的見取図上のあらゆる後退や退却を受容しうる，かつ抵抗しがたいものとする洗脳された運命論が孕む，新しいがかなり旧い数々のドグマを再検討に付すかも知れない一切のものが（重要というよりもむしろ）煩わしくなります。

あえて言うなれば，首尾一貫した，拡大されたかつ穏健な，新しい枠組で構築しようと試みられているヨーロッパが，もはや検討されなくなります。さまざまなヨーロッパ社会に重荷になっている鋭い矛盾の数々が要求しているのは，たんなる連合の弁説（予想される収斂のような，名目上のそれ）に溶解して，そこからは漠然とした，希望の延期や，当面は節度のあるあきらめが生じるようになることだけだ，とほのめかされたり，ときには，執拗に宣伝されたりしています。

けれども，もう一つの忍耐——思考と労働の忍耐——に賭けてみましょう。

「ヨーロッパ風に考えろ!」なる命令語は,そうなると,まったく別の様相を帯びることができるのです。つまり,ヨーロッパ建設の視座,争点,土台を問題として自ら提起する必要性を,一つの思考法——絶えずさまざまな実践を結びつけたり,はっきりさせたりするという——により/において再び取り上げることができるのです。

ヨーロッパ風の思考法を引き合いに出したからとて,ヨーロッパが思考に別れを告げることがあってはなりません。

ヨーロッパ風に考えるということは,何よりもまず,そうしながらもヨーロッパを考えることを止めないということなのです。

2. 共同体

一つの共同体の建設を考えるやり方はいく通りも存在しますし,これらは歴史によって明らかですし,理論として考えられてもいます。

抽象的かつ独断的な観点からは,共同体があらかじめ手本とするのは,利害や照準のひびの入らない,思いやりのある帰属意識(アイデンテイテイ)という容認された前提ですし,この場合の"共同"(推定上の,なおかつ高邁なそれ)は,差異の汚名——大部分は取るに足りない偶発事と見なされていますが——で本質的には汚されていません。

より強力な人びとの逞しい観点からは,共同体は贈り物,ないしはあいにくの必要物であり,これは行使されかつ被らされるヘゲモニーの拡大(これには感謝を倍加しなければならないでしょう)に基づくほかはありませんし,また,(地ならしの)ロードローラーのように,その内部に,最高度の必要な同質性を確保し

なければならないでしょう。

　民主的で具体的な観点からは，変転という奥底に根ざしているために，共同体はまったく別のものとなります。

　それは牧歌的な虚構でも，強いられた締めつけでもありません。

　それは現実的な結果であり，活動の統一を求める過程でもあります。それは多様な持ち寄り財産の複数の，しかも収斂を求めての協力により，保たれ，豊化され，かつその可能性を高められているのです。

　うまくできた，うまく持続される共同体というものは，常に，歴史の長い歩みの結果なのです。長いといっても，それは時間的な持続のたんなる流れを持つことによってではなく，変転しつつある現実に対しての，忍耐強くて深くかかわる働きを要求されることにより長くなるのです。

　名目から実体へ到達するために，共同体は媒介作用の弁証法的作業を引き受けずにはおれません。樹立されるアイデンティティを具体的にしながらも，多様なものの統一性を発見するという作業をです。

3．危機

　ヨーロッパ意識はまたしても危機に瀕しています。

　それは惨憺たるものというのではありません。問題は針路の手直しなのです。しかも，ヨーロッパのためだけというのではないのです。「マーストリヒト条約」はその元来の意図では，抽象的な勅令に代わるものであって，客観的であれ主観的であれ，一連の出来事から，急いで結節状に再検討を迫られたものなのです。矛盾する側面からは，いろいろのレジスタンスが浮上して，重み

を増しております——経済，社会，政治，文化の面で。

　資本主義の大きな利益が，国家的，地方的，とりわけ超国家的にヘゲモニーを握ろうとする亡霊が，ヨーロッパ建設の計画につきまとっています。

　この攻勢が向けられている矛先は，サラリー，雇用，社会保障，保健組織，公教育，文化維持，もろもろの社会の生産構造です。逞しい政治体制への不健全な憧憬がところどころで聞かれますし，これには若干の民主的制度にとって危険な不信もともなっています。

　もう一度繰り返しますが，今は時代の終わりなのではありません。今はむしろ，ある戦闘を再開するときなのです。

　私たちに逆のことを説得しようとしても，ヨーロッパに賛成か否かという，あまりに割り切った言葉では決着はつきません。逆に決着がつくのは，どのヨーロッパの側にヨーロッパ人たちは立とうとしているのか，ということなのです。

　ヨーロッパ人たちの真の共同体の樹立に関して広い視線を取り戻すことが緊急の問題となっています。全体を考える観点からは，それは落着した一件ではないし，あり得ません。

　ヨーロッパ意識は危機に瀕しています。言い換えると，検討にかけられており，そして，決着も抑制もなされないままの難点や矛盾と対決させられているのです。

　危機に瀕しているのは，まず第一に，経済面においてです。ここでは，増大した国際的競争，差し迫った科学技術上の変換，予想されうる構造的転換（短期の，近視眼的な補助金に釣られての）といった枠組では，これらが拡大する不均衡も，これらが社

会集団や生産のレヴェルでもたらす解体作用も，しかるべく考慮に入らないからです。

　危機に瀕しているのは，社会面においてです。ここでは，失業の慢性的な上昇がはびこり，あらゆる種類の問題をかき立て，そして，就職の推定維持というおどし的な口実のもとに，より大きなパーセンテージの収入増の強要を（抵抗できないぐらい）押し通すための地ならしをしているからです。

　危機に瀕しているのは，政治面においてです。ここでは，断固として参加を必要としない，衰退した形式的民主制が，左翼や労働者運動の気がかりな低下で倍加されて，市民たちの責任放棄をさらに推し進めたり，都合の悪い絶望を右翼に組み入れさせたり，また，連邦制度の買い戻しを夢見る冒険に天の門を開けたりしているからです。

　危機に瀕しているのは，端的な文化面においてです。ここでは，人間としての私たちの質を成長させ，私たちの可能性を再構成させる，交換，創造，思想の役割そのものが衰弱させられており，そして，注意深く遠去けられて，その代わりに，低俗な副産物で鈍化した消費をふんだんにもたらす利益に肩入れさせられているからです。

　ヨーロッパ意識はまた，より深刻かつかなり明白化している方向——世界的枠組の中でのスペースや，共同体組織の，共通プロジェクトへ向けての，移行，通過に関して，新しい視座を展開したり，新しいアプローチを企てたりする必要性に直面しているという——でも危機に瀕しています。移行を考えたり，それをやり遂げたりすることは，いつでももっとも難しいのです。なぜなら，

48　ヨーロッパ意識の新たな危機

それは，途上において人が土台を築き，来たるべき可能性，輪郭を描くことなのだからです。

しかしながら，この課題が輪郭を見せ，完成されるのは，現実を背景に，私たちが慣習的に文化と呼んでいるものの地平においてなのです。

4．文化

ヨーロッパ共同体の制度的脈絡の中に組み込まれた文化は，選択の理論と，併合の実践との間を揺れ動いているように見えます。

公式の言明が揚言しているのは，それぞれの文化の国民的多様性を敬え，ということです。決心と企てられた方策は，科学技術の発達や市場の論理との連接という，ジグザグな視角でしか文化を話題にしない傾向があります。

儀礼的な諸原理が内に押し隠しながらも，ねらっているのは，実際上，ほとんど黙認されない文化なのです。着手されたもろもろのアプローチは，文化をずばり商品的効用性なる軌道に吸収させたいという欲求を暴露しています。

好意的な寛容と，文化的商品に向けられた利害との間の，ところどころに潜り込んでいるのが，大衆調教や，趣味・行動の"形成"という目的で文化を道具化しようとする戦略でして，これは常に，政治的・経済的同質化の効果——控え目で，賢明で，迎合的なそれ——を狙っているのです。

良心やメンタリティーの面では，ヨーロッパ共通の文化から予想される開花は，あまり探求されていない，新しい中庸（mediocritas）の大量の押しつけとなるでしょう。

下からの地ならし，許される"逸脱"への厳格な点検，掟の帝国および支配を確証し強化する特異性への周到な管理，これらが手をつなぐのは，基本的な同一のもくろみ——支配者たちの（経済的・政治的に望ましい）規準に従って"連合"の平均的市民を目盛りづけること——の成功を確実にするためなのです。

　こうした集団的な誤ったコスモポリタニズムが小股でやってきつつあります。アクセサリーは文化のにおいがしますが，しかしそれは実際に見られるものではないのです。

5．コスモポリタニズム

　文化がコスモポリタニズムの面で生じるのは，特定の民族の生活に根を張った，よく練られた蓄えに基づいている場合のみです。

　たんに過去を眺めたり，伝統に立ち戻ったり，遺産を大切にしたりすることではありません。未来の運命へと延びている具体的な生活に浸かることではありません。

　一時的なもくろみの夢想をしのぎ，欺瞞のイデオロギー的役割を拒むコスモポリタニズムは，新しくて，より広大な交換を知り，かつ発揮する，ある世界の地平において，相互受精する諸文化どうしの，力動的な絡み合いや結果なのです。

　この過程が拡大された共同体の到来を根拠づけるのでして，この過程は外から強いられるのではなくて，人びとがつくり，つくり直す共同の歴史に沿って，忍耐と注意をもって開拓されるのです。

　それぞれの世襲財産を敬って許容すること，口先だけのたまたまの対話だけでは，決して十分ではありません。

共通の遺産をわざと強調したり，推定される小分母を大胆ないし不作法に規定したりすれば，私たちは誤った道に巻き込まれることになります。

　地平に立ち上がっている可能なものを共同で測深したり，現代やその争点を（極端な場合には，革命的に）批判したりすることが，この過程の避けて通れないヴェクトルだということははっきりしていますし，この過程においてこそ，諸文化は弁証法的にも具体的にも，共同体の最上の形態を探し求め，生みだし，これに到達することができるのです。

　再発見された名所旧跡の小さな庭いじり，文化調教の大サーカス，これらは疑いもなく，現実の可能性，さらには，増大しつつある脅威です。

　けれども，文化をそれ固有のダイナミズム——歴史の生成を反映し，それに付随し，展望し，しかも，現実を再構成する実践の中に延びている，複数の意識——に基づき首尾一貫して展開することはさらに，はるか遠く，別の岸へ至らせることになるのです。

6. 反復，挑戦，闘争

　現下の枠内では，私たちはヨーロッパの新しいプロジェクトについての思考や配置を，その組織の内的構造や，他の諸民族および他の諸伝統への全世界的な開放においてやり直さねばなりません。つまり，

　もろもろの原理，状況，あこがれと同じ高さで結集したプロジェクト。挑戦に応じながらも争点を明らかにし，闘争を怖れないプロジェクト。

　経済的・社会的な結束。これは既成の不平等への安逸な順応で

は決してありません。

　確認されている多数の不均衡や排除の訂正は，重要な構造変化が企てられ，実施されることなしには起こり得ません。

　全面的かつ集中化した発展を欲するような開花ないし成長は，たんに量と分布の理法に起因するわけではありません。質の分野での前進がそれには不可欠なのです。

　補充性は偽善的ないし変装した干渉とはなり得ません。統合が主権の強制退去を意味するには及びません。

　ヨーロッパ人民の生きた共同体とは，資本の超国家的利益を目ざす精力的な連邦なのではありません。

　新しいものの発明は，生活の成分であって，文化はこれを特別に引き受け，それを試みかつ意図しているのです。

　新しい理念，いつも歓迎される理念の必要の向こうでは，またしても理念の役割がゆっくり染み込みます——なかんずく，諸力（これらの理念をとらえて具体的にします），手続の政策的・組織的な枠づけ，これの実現を確保する実践，に及ぶ付随的なあらゆるかかわり合いとともに。

　以上は知識人にとっても，左翼にとっても，新たな挑戦であり，かつ課題であります。また，歴史を媒介する中心人物としての存在論的責任，存在の中への人類の参加という集団的運命，を放棄するつもりでは決してない男女全員にとっても。

　　　　　（1993年5月28-29日——1997年3月，リスボンにて。）

ヨーロッパの精神的遺産とその現下の具体的顕現

ジンドリチ・フィリペタ

（プラハ）

　私の報告のタイトルに表われている主要概念は，あまりにも反復されたものですし，紋切り型のイデオロギーが詰まっていますから，それがどの程度まだ精密な学問的分析に適しているのか，と人びとから自問されるかも知れません。精神－精神的なる概念は，あまりにも混沌としているように見えますから，この概念が何か実体的なものを説明するのに役立ちうるようになるためには，まずこの概念を説明しなくてはなりません。

　私見では，ヨーロッパの精神的遺産なる概念の根底そのものは，実際の個々人とか主観的仮構作用とかの恣意的な量のポストモダン的堆積なのではなくて，周知の，しかし定義しがたい多様性の中の統一（unitas in varietate），またはより正確には，反対物の一致（coincidentia oppositorum）なのです。つまり，もろもろの成分とそれらの時間の中での可変性との間の矛盾，さまざまな成分内部での矛盾，の表われなのです。たとえば，ヨーロッパの伝統の本質的成分の一つたるキリスト教は，聖書の字句や，聖書に基づく原始キリスト教徒たちの生活を含むだけでなく，また十字軍，異端者たちへの火刑と宗教裁判，カトリック教と新教との一致および不一致，諸教会による世俗的目標の追求，ヴァ

ティカンの第二公会議をも含みます。このことは部分的には, 社会主義の理念や実践にも当てはまります。

そのうえ, ヨーロッパが残余の世界に伝えたメッセージの信憑性は, 諸理念や諸文化の輸入, 輸出, 再輸出という, この構造にせよ, ヨーロッパ的なものとヨーロッパ外的なものとの多様な相互作用や相互浸透のせいで, 決めかねないのです。この点で特に教訓的なのはヨーロッパ－アメリカの関係であり, これはときには, 多かれ少なかれ正確に, ヨーロッパ－大西洋文明なる用語で包摂されることがあります。

共産主義が言わば陥落させられ, いわゆる西欧世界がその最強の敵を失ってからは, ある人びと——ヘンリー・キッシンジャーのような——の主張によると, 目下の主要課題はそれ固有の価値——もちろん, アメリカの価値——を世界に伝播させることにあるのですが, 一方では他の人びと——アラン・トゥレーヌのような——は西洋を酔っ払い船（bateau *ivre*）だと規定したり（1993年), さらにほかの人びと——ダーレンドルフのような——は西洋は針路をなくした（1993年）と認めたりしています。

こういう脈絡の中で, X・ティリエッテが正当にも指摘しているとおり, ヨーロッパ中心主義を奨励したり, 「ヨーロッパだけが大人で他は幼児だ」と主張したりするのをこととするようなやり方は, 今日ではかつて以上にそぐわないものです。しかし, 合衆国中心主義を称賛するのも, やはりまったく愚かで, それどころか危険ですらあります。さりとて, このことはヨーロッパとア

メリカが世界に供すべきものを何も持たないという意味ではありません。

　私の表明した報告で，はっきりさせようとしたのは，欧米の伝統の具体的顕現における二つの矛盾した面です。つまり，
――政治レヴェルでは民主的権利の国家，すなわち，一方では，多少とも社会的な欧州国家，他方では，アメリカ版福祉国家。
――経済レヴェルでは，一方では，自由市場経済，他方では，多少とも社会的な市場経済。

　私がとりわけ努めたのは，新世界がどの点で旧世界のモデルとして役立ちうるのかを知るという問題への回答でして，換言すると，ヨーロッパ由来の諸価値がアメリカによって富化されて再輸出されたということが，ヨーロッパ人にとって合理的意味を有しているのかどうか，そしてどの分野でそうなのかを示そうと私は試みたのです。

　（米国の）国務省はすでに16点の報告書を発表し，その中で，アメリカ式の民主制の実地覚書を，欧州諸国をも含めて，世界のさまざまな国に提供していますが，力点がどこにあるかと言えば，この点では合衆国がとりわけ欧州諸国にとって倣うべき手本となると言い張ることはできまい，と確認することにあるのです。こういうことは，ロンドンのウェストミンスター寺院および王立国際問題研究所の責任者クリストファー・トゥーゲンドハットや，アラン・ミンク（『新しい中世』）や，ジャン＝マリー・ゲエンノ（『民主制の終焉』）のようなヨーロッパの人たちのみでなく，米

国大統領の元顧問アミタイ・エツィオーニも立証しています。後者は著書『共同体の精神』の中で，ワシントンを骨の髄まで腐っ・・・・ていると見なし，この腐敗を既存の組織の芯が被囊(のう)化していると見なして，合衆国をぬかるみと形容しているのです。

　要するに，体制の或る集まりの有能な代表者たちは，アメリカの政治組織を民主制－遠隔支配－民衆硬直化なる三幅対として，またはより簡潔には，民主制の代償としての民衆硬直化と遠隔支配の混成として，特徴づけています。換言すると，この点では，アメリカ人たちが専念すべきなのは，他者への垂訓者を気取るよりもむしろ，自らの球根に対してなのだ，ということになりましょう。

　民衆制に関して垂訓すべきものがないとしても，合衆国は経済的大成功，世界規模での競争力，生産および社会一般における科学的・技術的進歩の最先端的獲得物の柔軟な応用，に関しては，ヨーロッパに脅威を投げかけています。この主題をより徹底的に検討してみて分かることは，つまるところ，ベーコン＝デカルトの合理性の原理（大刷新 Instauratio magno 参照）を行動に移そうとする新手段――これらには，さまざまなネオリベラリズムが結びついていますが――にことはかかわっているということです。合理性の具体化が往々不合理な結果になっており，異質な数の目標が昨日も人間行動の逆説性には固有のものだったし，今日でもそうだし，明日もそうだろう，との反論は当座は脇にどけておきましょう。数あるうちの良い例証としては，アメリカの諸大学がヨーロッパの科学の最良の伝統を発展させつつある一方，ア

メリカは大衆文化の最悪のくずによって，ヨーロッパを沈没させていることがあります。このことは，大衆への欺瞞，市民の幼稚化，啓蒙の終焉，といった表現でうまく示されます。

　こういう脅威はもう 30 年前に差し迫っていたのです。この時期には，セルヴァン＝シュライバーの著書『アメリカの挑戦』ドイツ語版序文において，フランツ＝ヨゼフ・シュトラウスがこのエレクトロニックな挑戦を遅れずに見つけなければ，ヨーロッパはアメリカの衛星国となろうし，自らの運命に関する事柄について意見を言う資格がなくなるだろう，とヨーロッパに注意を促していたのです。ところで，今日この遅れがはっきりしてきました。ジャック・ドゥロールは，統合しなければヨーロッパは遅かれ早かれ，歴史のページの脚注の地位におとしめられるおそれがあるという，賢明な警告を，事情を十分に知ったうえで最近発しましたが，この警告をヨーロッパ人たちは無視しないほうが得策なのです。実際，アメリカの挑戦の合理的契機に予防策をとることは，ドイツ人たちがヨーロッパの立場（Standort Europa）と呼んでいるものを根本的に強化することを意味します。これは定言的命令なのであり，なにしろこれは労働の生産性に関する無味乾燥な数字にかかわるだけでなく，ヨーロッパの精神的伝統が人類全体を前進させるのに寄与しうる分野で，この伝統の成就にとって必要な物質的条件を創出することにもかかわっているからです。

　簡潔さへの配慮から，私はここでは，ヨーロッパと合衆国において伝統的に異なる国家－経済の関係の若干の局面だけを扱うことにしたいと存じます。もちろん，資本主義のさまざまな微妙な

違いにおける共通の根っことして機能する類似要素が,双方には多数あることが分かります。ヨーロッパおよび合衆国に固有のものは,たとえばトクヴィルも論題にした,自由と平等との緊張に結局のところ基づいていますし,そして,国家－個人の関係や,経済と社会との関係についての異なる考え方を含意する,あれこれの価値に異なる力点を置いているのです。合衆国では,優先権は自由に——より特殊的には,国家の干渉よりも個人の自由に——与えられてきました。これに引き換え,ヨーロッパにおいて優位に立った,しかも,若干の行き過ぎから,反生産的なメカニズムを解放したために,社会にも個人にも否定的な影響を及ぼしたのは,多かれ少なかれ温情主義的な会社国家なのです。ここからして,合衆国のむしろ自由な市場経済と,ヨーロッパの社会市場経済とが,平行的に根づくこととなり,周知の,それぞれにとり肯定的でも否定的でもある影響が生じたのでした。

　資本主義のアメリカ版は,一見,反社会的に見えないように努めており,しかも,共和党の大統領であれ,民主党の大統領であれ,かなりの赤字予算により,いわゆるポスト資本主義の社会的台座を建造しようと試みてはいますが,そこに見て取れるのは,効率や,いわゆる株主価値体系(share-holder-value system)への,明らかに支配的な流れでして,その目的は世界市場での合衆国の地位を地球的に,かつ全方位で強化することなのです。同時に,旧大陸では労働の生産性や開発された潜在能力には符合しない割合で,社会的給付やその他のサーヴィスの恩典を国家から受けることを市民が期待したり,それに慣れたりするようになる傾向を私たちは見てきましたし,このことは,社会民主主義体制

でも，社会キリスト教体制でも多かれ少なかれ同じなのです。こういう現実を示すのが，コールにより批判された，要求する市民（Anspruchsbürger），（自らは仕事をしないで利益だけ要求する）便乗者（Trittbrettfahrer），余暇の集団社会という用語なのです。こういう行動パターン（ハビトゥス）は，西欧の民衆だけでなく，必要な変更を加えれば，いわゆる現実社会主義国家の長期にわたる敗北を蒙った中央および東ヨーロッパの民衆にも典型的なものです。

個人的な思い出を想起するために，ちょっと脱線することをお許しください。レーモン・アロンが「アジアから見たヨーロッパは異質な二つの世界——つまり，ソ連と西欧——ではなくて……同様の二つの見本，ないし同じ社会型——つまり，進歩的産業社会——の二つの態様である」とのテーゼを立てたとき，彼の収斂理論はまさに嵐を巻き起こしました。私が幾度か彼を訪ねたとき，彼は悟ったような悲しい調子でこういう発言で戸口で私を迎えたのです。「私はたぶん産業社会の収斂に関するテーゼを提起した最初の人間でしたし，これは私ども，西欧，そしてもちろん東欧でもショックを惹起しました」，と。しかも付け加えるのもつらいのですが，彼が対話のために旧ソ連に手を差し出したと考えていたこのテーゼには，ソ連の側からは帝国主義のトロイアの馬とのレッテルを貼られ，またアメリカの側からは，共産主義に対してあまりに大き過ぎる慈悲の追求（captatio benevolentiae）を示したと，彼は辛辣な攻撃にさらされたのです。組織どうしの相違を強調するために，アロンは次の著書の表題を『民主制と全体主義』にしました。でも，個人的な会話の中で彼は私にこうささ

やいたのです。「内容は表題と一致していません」……と。私としては，この表題が内容とほぼ一致していると思われます。私はそれでなおも確信しているのです，——今日なら，アロンは彼の収斂理論の論理において，社会的・人間的連帯（Mitmenschlichkeit, 共生性，等）と同時にその裏面——反生産的な平等主義と社会心理的な民衆主義——を抱えた，伝統的ヨーロッパの社会国家の現実的顕現に見られる矛盾性を極端に間違いなく誇張するのではなかろうか，と。この裏面が重くのしかかるのはヨーロッパ一円に対してであります。なにしろ，それは午前零時を告げるや5分後には革新と統合の過程を抑制するからです。とはいえ，この過程はアメリカ色の独占主義に脅かされた私たちの世界には現実の，複数主義や多色主義を創始するのに不可欠なのですが。

　この脅威を遠ざけるために，ヨーロッパはアメリカの挑戦から即刻立ち上がらねばなりません。このことは，この仕事の逆説を理解することを意味します。つまり，実のところヨーロッパの精神的遺産から影響を受けており，しかもアメリカ的焼き直しの延長たるこの挑戦のあらゆる合理的契機を，自分なりに，かつ批判精神をもって，速やかにわが物とするということなのです。ヨーロッパの他の戦略的選択はすべて，袋小路であることが明らかになります。人間の顔をした社会主義を樹立しようとする試みは部分的に失敗したか，または国家温情主義で糊塗されたさまざまな形の下で部分的に失敗しつつあります。少し前にシモーヌ・ド・ボーヴォワールも言明したように，フロムの言葉を採り上げることにより，人間をにぶらせかつ疎外させてばかりいるものとしての限りでは，科学的・技術的進歩や消費の，大いなる挑戦という

考え方もやはり袋小路なのです。今日，ピエール・ブルデューが経済はどのユートピアをも殺す，と主張するとき，彼はまったく同じ意見であることを表明しているのです。

　ヨーロッパにとり有望な未来を担ったあらゆる計画は，回避不能な戦略的選択にあっています。つまり，それは二つの擬似手段を絶対に拒絶し，かつ，科学的・技術的・経済的・社会的発達を正面から先導しなければならないのです（決して容易なことではありませんが）。なにしろ，人は産み出すものを分担することしかできないからです。審美家（Schöngeist）でさえ，（そもそも大半の時間は自分の利益のために費やすのをよく知っているものですが）肉体なしには存在できぬこと，そして古い格言「健全なる精神は健全なる肉体に宿る」や，「第一に生きること，次に哲学すること」が常に妥当なままだということを知るべきでしょう。それはそれとして，経済は高い精神的価値を必ず殺すわけではなくて，それらの向上やそれらへの接近可能性を――不十分ながらも不可欠な前提条件として――社会政治的な或る局面において，可能ならしめるのです。ですから，私はブルデューよりむしろ，経済と哲学との独特な結合のためを思って弁護していたG・ルカーチのほうを正しいと認めるものです。

　アメリカの挑戦に対しての，上に素描した合理的な回答は，全ヨーロッパ人のできる限り完全な統合を前提とします。たしかに，市場経済の資本主義的な形の枠内での統合が問題なのです。合衆国とヨーロッパには，それ以外のものはまったく存在しません。ところで，ヨーロッパは共産主義に対しての西洋の勝利後，そし

て，技術革命の結果，拡大した著しい否定的局面を露呈しております。何という歴史のアイロニーでしょう！　資本主義体制への批判的な弁明者たちは，民主制に関してのチャーチルの標語を敷衍することを好んでいます。彼は申しました，民主制には欠陥があるとはいえ，あらゆる政治体制で最上のものだ，と。この体制を支持する主要論拠の一つは，目下のところこれよりましな代わりの道がないということです。

　将来を賭けかねない，この脆弱な論拠を評価することに気が傾いている若干の人びとは，公平無私をおおっぴらにしてはいません。彼らにつきまとっている感情は，遍在する窮地（レペニェス）や酸っぱさのそれであり，彼らは或る年齢に達して或る経験を積んでくると，私たちが何が真かということよりも何が偽かということをよりよく知るものだ（ミシュニク）と痛みをもって認めているのです。自白しておきますと，こういう感情は私にもまったく無縁のものではありません。私は要するに悲観論者ではありませんが，それでも，真についての規準に関しては楽観論的－悲観論的といった範疇を持ってはいないのです。

　実際，私には三つの展望が地平に浮かび上がっており，そのうちの二つは人類にとり実現性のある将来を担っているように思われます。第一に，おそらく資本主義は（あれこれの微妙な差異はあれ），創造的破壊としての限りでは，商品やさらには危機をもますます効果的に生じさせるばかりか，マルクスとは反対にそれらの処理をうまく引き受けるに至るでしょう。資本主義もポスト資本主義も到達しない場合には，第二の仮説が考えられるように

思われます。つまり，同一秩序（資本主義）の新版ではなくて，真の交替を実行しうる社会的なブロックや勢力が，資本主義体制の緊張や矛盾の深刻化の過程で出現し，成立するのが見られるかも知れません。実現可能な将来を担ったこれら二つの異版が挫折すれば，始まるのは破局という唯一のシナリオだけでしょう。この第三の道は，人類の自己破壊に通じる危険が大でしょう。

　科学者として，私は科学しか信頼できませんし，また，合理主義の支持者として，私は人が教育しうることを相変わらず確信しています。なにしろ，私の信じるところでは，人類は俗っぽい創造的空想力の翼のある理性をなくすれば，生き残る機会がほとんどなくなるでしょうから。

付　記

　人間の顔をした社会主義（文字通りの，とりわけ，この用語の否定的な意味で）についての空想的なあれこれの考え方のヨーロッパでの収斂に関する私の報告文を終えて少し後に，リオネル・ジョスパンがその綱領「人間の顔をしたヨーロッパ」を提示したばかりだということを知った。そこでの問題が汎ヨーロッパ的傾向だということは明らかであるが，私はここでもチェコ人として，《プラハの春》に由来する人間の顔をした社会主義の当初の善意と悲しい結末について，若干述べることが有益と考える。

　人間の顔をした社会主義なる概念がドブチェクによるものではなくて，これはラドヴァン・リヒタによりドブチェクの演説の中に捏造され挿入されたのだということは，一般に知られていない。

このチェコの学者の功績の一つは,『文明の十字路』と題する研究を共著者として署名した,さまざまな学問の専門家グループを指揮したことである。本書の中で,彼らが素描したテーゼによれば,社会主義と有機的に結びついた科学的・技術的革命が,世界史における唯一のヒューマニズムの成果だということになる。

　ドプチェクに戻ると,以下の確認がぜひ必要だ。つまり,彼は現代社会主義の学際的概念を自身で発見するために十分に身を落ち着けていたわけではないのだ。人間の顔をした社会主義なる概念は純粋に旧チェコスロヴァキアの思いつきなのではなくて,以前にハンガリー,ポーランド,そのほかのところで具体化し始めた類似のもろもろの綱領の延長なのである。これらの歴史的意義やこれらの客観的なインパクトは,さまざまな矛盾に満ちている。これらは旧ソ連でますます確立されていった帝国的な擬似社会主義に対する抵抗の表現としては,決定的にプラスなものだった。だが,資本主義と,社会主義の官僚版との中間の,第三の道の形をして,所与の社会体制の実現可能な改革計画と見なされるか,見なされてきたときから,それらは実行不能でマイナスなものだったし,現にそうなのである,――主観的には,善意によって担われていたにせよ。

　ハンガリー・ポーランド・旧チェコスロヴァキアの改革社会主義と,ジョスパン゠ラフォンテーヌ版における社会民主的社会主義の現代異版との間には差異が存在するにもかかわらず,互いに若干の類似要素が見つかるのである。(尾ひれをつけて)言うとしたら,ナギ主義・ワレサ主義・ドプチェク主義は,ジョスパン

主義・ラフォンテーヌ主義の早めの版であるし、または反対に、西欧社会主義のもろもろの異版は、人間の顔をした社会主義の後期ないし遅ればせの版である、ということができよう。

しかしながら、興味深い事実に注目すべきだ。当時の二極世界において、ハンガリー・ポーランド・旧チェコスロヴァキアの社会主義のモデルは巨大なソヴィエトの力の極により、あらゆる手段で抑圧されていた。それはこの極にとって実際上、致命的な危険の代表だったからである。それに、ゴルバチョフの有名な改革政策(ペレストロイカ)もそのことをはっきり証明した。これに引き替え、オールブライト夫人も明言しているように、その後現代世界の唯一の超大国となったアメリカ合衆国は、ジョスパン流のであれラフォンテーヌ流のであれ、社会主義のヨーロッパ異版の数々を、決して"メイド・イン・USA"の資本主義にとり危険だと見なしてはいない。正反対に、社会主義的民衆主義は、それらに利しているのだ——世界市場で合衆国のライヴァルとしての旧大陸を客観的に動揺させ、さらには、人間の顔をしたヨーロッパ新自由主義の代表者たちに向けられたヒューマニスト的批判の流れを合流させているという意味では、真のヨーロッパの——とりわけフランスの——反米主義の方向をそらせる結果をもたらしている以上は。合衆国の立場（Standort USA）の代表者たちは、もっと優れた方策を夢見ることができないのであろう。

ヴィヴィアーヌ・フォレステルの本に関していうと、それは文字通り経済的恐怖となっている。明らかに不吉な現実についての科学的分析である以上に、本書はその内容の自己規定として表題

に表明されているとおりなのだ。すばらしい文学的スタイルで書かれているが、この著作はドラマチックな結果をともなった厄介な現実の諸問題をめぐっての、混乱した、涙を誘う長広舌である。その調子にしても、そのカヴァーに言われているような、まった・・く新しいものではない。なぜなら、著者が資本主義に逆らって練り上げているすべての批判は、他の人びとにより、しかもはるかにより的確に言われたり再言されたりしてきたからである。そのうえ、フォレステル夫人が沈黙を嫌って、述べたり、あるいはむしろ激しく叫んだりしていることは、異論の余地なく、容易に売れるものではあるが、彼女が自らスポークスウーマンをもって任じている人びとにとっては何らの寄与にもなっていない。これはうまく調整された非－順応主義の焼き直し、よく売れる金銭ずくの一つの批判様式、なのだ。過激であることは、強く叫ぶことではなくて、ことの根っこにあるものを知ることを意味する。ポーランドの雑誌 "Gazeta wyborcza" が本書を賛美し、この中に連帯（Solidarnosč）との理念的類似性が見つかると信じている (K. Rutkowski, "Non-Viviane Forrester exprime une inquiétude universelle", cv. *Courrier international* n.⁰ 331, 1997年3月12日号, p. 36) のも、何ら驚くに当たらない。この運動やその精神的父たるレフ・ワレサは、積極的解決策を提唱することをしないで、袋小路にいたったし、そして、前進運動の逆流で行動している現在のチェコ共和国のもろもろの組合とまったく同じように、ポーランドの近代化にとり障害の一つとなっていることは、周知のところだからだ。目下、これらの運動や類似の民衆主義的潮流と連帯していることは、つきつめていくならば、結局のところ、西欧でも東欧でも現在まで間違って、偽のから約束を信じてきたか、信じ

ている人びとの，現実的利益に連帯したり，信頼したりしないことになるのである。

　このことはつまり，社̇会̇-民̇主̇の二者択一は（そのあらゆる異形をも含めて），サミ・ネールが多かれ少なかれ過激なレトリックにもかかわらず，正確に力説しているように，それが現̇在̇を̇月̇並̇み̇に̇踏̇み̇つ̇け̇て̇い̇る̇ (Morin-Nair 1997) 以上は，現代資本主義体制の枠を超えはしないということなのである。

引用文献

Aron R.: *Dix-huit leçons sur la société industrielle*. Paris 1963, p. 30（チェコ語からの訳）.

——*Démocratie et totalitarisme*. Paris 1965.

Beauvoir S. de: *Les belles Images*. Paris s. a.

Dahrendorf R.: [*in*] *Wird der Westen den Zerfall des Ostens überleben?* Bergedorfer Gesprächskreis Nr. 99, 1993, p. 70.

Etzioni A.: *Die Entdeckung des Gemeinwesens. Ansprüche, Verantwortlichkeiten und das Programm des Kommunitarismus*. Stuttgart 1995.

Forrester V.: *L'Horreur économique*. Paris 1997.

Guéhenno J.-M.: *Das Ende der Demokratie*. München-Zürich 1994.

Minc A.: *Le nouveau moyen âge*. Paris 1993.

Morin E.-Nair S.: *Une politique de civilisation*. Paris 1997, p. 201.

Richta R. et coll.: *Civilizace na rozcestí*, Praha 1966. 本書はヨーロッパ，アメリカ合衆国，南米，アジア，オーストラリアの多くの国々に広く流布した。フランス語版は*La civilisation au carrefour*, Anthropos 1996 / Seuil 1974.

Servan-Schreiber J.-J.: *Die amerikanische Herausforderung*. Hamburg 1968. F. J. Strauss の序文付き。

Schulte-Hillen G.: in Medien-Macht-Politik. *Verantwortung in der*

Demokratie. Bergedorfer Gesprächskreis Nr. 107 1996, p. 55.

Tilliette X.: Europa des Geistes und der Geister in: *Das geistige Erbe Europas.* M. Buhr Hrsg. Napoli 1994, p. 44.

Touraine A.: Nouvelles réflexions sur la critique de la modernité, [in] *Annales de L'Institut International de Sociologie,* Volume IV, 1994, pp 135 – 143.

Tugendhat Ch.: [in] *Wird der Westen den Zerfall des Ostens überleben?* Bergedorfer Gesprächskreis Nr. 99, 1993, p. 66.

精神のヨーロッパに関する五つのテーゼ

エドゥアルド・シタス

（リスボン）

1．もろもろの理念の社会史も，日常の知的仕事も，"ヨーロッパ人として考えること"がいつも社会構造と概念構造との構成的絆(きずな)を前提にしていると言いうるほど十分な，同化された経験から成る。

2．この点では，ヨーロッパたると否とを問わず，自己を意識したあらゆる人間的思考は，特定の脈絡と人間一般の経験との間の，一致・差異に固有の諸態様に含まれる。換言すると，歴史過程の統一性は，差異・新しさ・前代未聞の産出における人類の統一性と符合する。

3．今日のヨーロッパにおいて，支配的な統合政策は前代未聞の思考のための理論的手段を手中にしているとは思われない。だから，"ヨーロッパ人として考えること"は必然的にヨーロッパの歴史的帰属意識を放棄しない，発見法的成分を含まざるを得ない。

4．したがって，「帰属意識の問題は歴史の問題である」以上，精神のヨーロッパは，それが"ヨーロッパ精神"に属する場合しか，何らかの歴史的形態と符合する義務を負わない。ヨーロッパの帰属意識は定義上，未完の過程なのであり，その各主体はヨー

ロッパの異なるもろもろの民衆なのである。

 5．精神のヨーロッパは地上のヨーロッパの天空的表現なのでは決してないし，ましてや"ヨーロッパ人として考えること"は凡俗なヨーロッパ人の昇華なのでもない。精神のヨーロッパは人類の形成なのだ。それはほかの接近法とともに，人類普遍の諸目的への一つの接近法なのである。

1997年6月，リスボンにて。

「作品は精神を創ると同時に，それを表現する」
——イニャス・マイエルソン

　以下の考察は上記の提案についての熟慮された注解ではありません。私はむしろ，これを五つのテーゼとただ一つの基本的立場だけを共有しているとはいえ，自律的な展開と見なしております。
　幾度となく言われてきたように，たしかに「思考は困難の隣にあり，行動に先んずる」＊ 以上，してみると，「ヨーロッパ人として考えること」には先行の困難も，作用する思考の多様な適用範囲も欠いてはいないことになります。
　とはいえ，予見すべきは，シャンティイに私たちを集合させている問題は，決して優先的に文化人類学の領域にも，ましてや，ブリュッセルで確認された，ヨーロッパ諸学内の最近の何らかの専門知識にも属しないだろうということです。

　＊　ベルトルト・ブレヒトが『大いなる方法の書』の中で文字通りにはこう書いています，「思考は困難に続き，行動に先行するものである」（*Prosa* IV, Berlin/Weimar, 1975, p. 16）と。

第一には，根拠のある答えが必ずしも（民族学者たちのもとで一般に受け入れられた意味で）人類学的次元に属してはいないからです。他方，第二には，「ヨーロッパ人として考えること」が何を意味するかの秘密は，欧州連合の決定機関のどこかに隠れているのだ，というのははなはだ驚くべきことだろうからです。最後に，とりわけ私たちの協約はそういう中心的学問，たとえば，文化人類学とか政治学にささげられた科学的集まりではなくて，むしろヨ・ー・ロ・ッ・パ・を共同核として出発点にもつ，複数の主導理念を採用しているからです。

　でも，誰がヨーロッパ人として考えるのか？ と質問することも望ましいのかも知れません。私としては，第一の近似において以下の自明の理を主張したいです。つまり，例外なく，ヨーロッパ人として考えるべきは，ヨーロッパ集団を受け入れつつあるか，受け入れた全人類であるということです。しかし，ヨーロッパは広大ですし，人間集団はそこではなおも常に実にさまざまに形成されつつあるのです。

　こ・と・の本質としても，これに作用するこ・と・を考える主体としても連帯的な，二つの質問が，相互に複雑な関係を保っており，ですから，策・略・やその概念が私には欠如しているとは思えないのです。なにしろ，名指しで示された，それらの受取人をわざわざ確定しないまでも，依然として，それら質問は二つとも十分に以下の人びとに差し向けられうることでしょう。たとえば，

——何らかのヨーロッパ人たちに。したがってまた，
——誰であれ，ヨーロッパの高い地位の責任ある政治家たちに。

――また，やはりヨーロッパでは，精神労働者たち一般にも。

　想像にかたくないことですが，どの回答も疑いもなく，ヨーロッパ参照という共通の手順をもちながらも，それでもなお，思想および活動の異なる社会枠組に属していることでしょう。以下のそれぞれの回答どうしの間にありうべき不一致を考えれば十分でしょう。

――半年ないし一年失業中の，有能な若年労働者からの回答。
――欧州問題でコール首相の路線に近い政権担当者からの回答。
――人民のヨーロッパや，社会集中・全員就職の政策に共感するであろう，評価の高い科学研究者からの回答。

　言うまでもなく，顕著な差異と一致との幅は，ヨーロッパ（ここでは，ヨーロッパ一円のことです）がその舞台となることを止めない，数々の代表的状況についての具体的な社会的分析を掘り下げるならば，拡大してゆくことでしょう。
　もろもろの出来事の抜け目のない進展は，利己主義者（この語はここでは軽蔑的な意味を持ってはいなくて，記述的，それどころか，類型論的な意味に解されねばなりません）がたとえずる賢くとも，そうとも知らずにみんなのために働くことになる，ということにあるのでしょう。＊ エルヴェシウス〔1715-1771〕における賢者とか，ベンサム流の功利主義者のやり方ではなくて，むしろ，

　＊　Cf. Jacques D'Hondt, *Hegel, philosophe de l'histoire vivante*, Paris, PUF, 1966, pp. 335*ff.*; *Hegel. Philosophe de l'histoire*, J. D'Hondt 編によるテクスト, Paris, PUF, 1975, pp. 18-20.

"ポスト社会"ないし"ポスト経済"のヨーロッパを話題にすることを好む,新自由主義のユーロクラート*としてなのかも知れません。

おそらくこの策略がヨーロッパの地平で気づかれるようになるのは,若い失業者たちや科学研究者たちの見解(実際上,ヨーロッパの他の幾千万の人びともこれに近いのですが)が十分に社会的内実と政治的表現を獲得して,実際的結果をもたらすようになるときでしょう。彼らにあっては,選挙の波がヨーロッパ建設の,不完全ながらも,新たな段階を実行に移すことでしょうから。

もちろん私が"新たな段階"という,あまり建設主義的でない語を用いているのはわざとなのでして,それに新たな性質とともに,連続性の機能をも(言うなれば,連続しながらも不連続なはめ込みにより)指し示すためなのです。どうしてかと言うと,若い失業者や,科学者が,ヨーロッパの生活を変化させるために尽力できるのは,新自由主義者によって成就された仕事を或る程度までは土台にした場合だけだからです。新自由主義者はおそらく意識はしていないでしょうが,以下の場合には「病気において治療薬」を活用するのに寄与したことになりましょう。すなわち,

――金融資本
――厳格な通貨
――ヨーロッパの諸問題中の問題たる,労働

およびその他の諸条件がこの新しい,たぶん前代未聞の段階の,たしかに矛盾した土台をやはり形成するに至る場合には。これら

* 欧州共同体関係の組織で働く職員のこと。(訳注)

条件のうちでも，政治的選択としての民衆のヨーロッパの建設や，西欧諸国を支配する文明の建設が，もっとも優勢なものでしょう。

ところで，ヨーロッパの現在の進展の不確かさや，現代世界の全般的危機（全般的危機とは私見では，大げさに話しているわけではないのです）を前にして，「ヨーロッパ人として考えること」は精神のヨーロッパを断固選択することでもありますし，それは，文明の後退でも，圧倒的な社会的退廃でもなく，全部門の生産用具の破壊でも，国家経済の非生産分野の増殖でもなく，精神および精神的作品の商業化*でも，知的職業や他の形の知的仕事の後退でもなく，これらの社会的次元は絶えず拡大し続けており，発展したもろもろの社会で分化し続けております。

否定の中でももっとも大がかりな否定に組み込まれるべき，こういう否定的言明は，不安定さの確認とともに，必然的な特定をも含んでいます。前者の淵源は，精神の諸範疇・需要・願望が，それらの満足ないし活用の手段といつも恒久的に分離されていて，いわば永久に無力なことによります。なにしろ，思想における正当な選択は，適用されるのが遅れるだけに，不安定となるおそれがあるからです。後者はこれとは違って，問題の深刻な性質に起

---

* ポルトガル語の最近の一テクストの中で，ジョゼー・バラタ＝モーラは "mercantilizar"（文化空間を商業化する）と "mercadorizar"（「文化的な所産やサーヴィス」を商品化する）とを区別しています。二つの語とも私の意図にほとんど等しく合致しうるため，私はあえて逐語訳の危険を冒して，二つのうち前者をこのテクストから借用しております。この著者については，cf. *Cultura e mercado. Alguns apontamentos para um debate*, Lisboa, 1995, pp. 5ff.（騰写版）

因しています。なにしろ，全般的に後退しているかも知れない
ヨーロッパは，煩わしいながらも礼儀正しい訪問者として，いろ
いろの形で取り次ぎを頼むことはしないだろうからです。そこで
の後退はさまざまな現われ方で――定着した生活慣習や紋切り型
の作り話を超えて，可視的となった歴史的危険として――遅れず
に感じられずにはいないでしょう。

　こういう一般状況についての基本的な関係や争点の把握，ない
し不可欠な理解は，同じく精神労働でもあるでしょう。後者はま
た，文明および時代についての意識形態の首尾一貫した総体でも
ある以上は。ところで，策略の精神力はここでは，「対象をそれ
ら固有の性質に従って，相互に作用させたり，相互に接触させな
がらもこの過程で直接干渉し合わないようにして用いる」* こと
よりも，むしろ行動の道筋が白日の下に展開するようにするため
にもっとも公然と行動することにあるでしょう。

　上述のことから，相互にいかなる排除関係もない，ヘーゲルの
二つの分析への暗示にお気づきになったことでしょう。ここでの
選択は，ユーザーのそれなのです。ヘーゲルが，抜け目のない活

---

　* «(...) die Objekte ihrer eigenen Natur gemäß aufeinander ein-
wirken und sich aneinander abarbeiten läßt, ohne sich un-
mittelbar in diesen Prozeß einzumischen (...)». –G. W. F.
Hegel, *Enzyklopädie der philosophichen Wissenschaften*, I, § 209
(Zusatz), in *Werke 8* (Red. E. Moldenhauer u. K. M. Michel),
Frankfurt a. M., 1970, p. 365.
　『エンチェクロペティー』初版（1817年，ハイデルベルク刊）
の10年以上前に，ヘーゲルは実体哲学（Realphilosophie）に関
する講義の原稿・下書きの中で，策略的活動の若干の脈絡を記録
しコメントしている。*Cf. Gesammelte Werke*, 8, p. 207.

動の生きた形態どうしの協働に総じて反対していないのも当然なのです。利己主義者がみんなのために働くとしたら，その活動が引き起こすであろう逆転を助長すべきではないでしょうか？ ある国家の拡大と破滅という経験は世界中いたるところで幾度も繰り返されましたが，これらの厄介な成り行きの中心には，「特殊なパーセンテージ」* で明らかになる，こういう概念の策略についての軽視ないし無知がありはしないでしょうか？

もちろん，精神のヨーロッパはこれら諸国の運命を気にかけない諸力や，ましてや盲目な諸力を交渉相手ないし競争相手として持つ必要はまったくありません。策略はヘーゲルがいみじくも述べているように，たとえあらゆる種類の経験的束縛がしばしば相違を鈍らせているにせよ，奸策なのではありません。策略に対しての策略*2はむしろ，精神の創造活動に適した定立なのです。

---

*　国家の例は,『論理学』の特殊な量に関する章（第1巻第Ⅲ章）において，正当にも提示されています。Cf. *Werke* 5, p. 398.

*2　J. D'Hondt, *op. cit.*, pp. 338*ff*. 注目すべきこれらのページにおいて，この筆者は「理性の策略」に関して，若干の必要な詳しい説明をしており，とりわけ，こう述べています――「実際，あるのはまったく策略なのではなくて，ただ歴史的過程の基本法則――反対物の弁証法的逆転により生じる――についての詩的呼称だけなのだ。

　この呼称は《表示の言語》に属するが，この言語は，だんだんと思弁的なものに近づく，深みと適合性をもつ若干のレヴェルを含む」（*ibid.*, p. 345）。

　知性，意志，自律的目的を，「概念の策略」，「理性の策略」といった，思想の中心的範疇に帰することをこととする，この種の"不当な"アナロジーが，古代人から"比喩の誤用"（abusio）と

ここに至って，本文の冒頭の銘句に引用したイニャス・マイエルソンの言葉を想起すべきなのです。この言葉を抜き出してきた，注目すべき総括論文*の中で，この著者は「人間行為の分析」にかかわる九つの手短な展開をテーゼとして打ち立てています。それぞれの最終言明を以下に示しておきます。

――（1）「人間は行動である」――（2）「人間は（……）労働である」――（3）「人間は経験である」――（4）「人間は作品である」――（5）「人間は作品の連続であり，作品を介しての変形である」――（6）「人間は多様性（……）である」――（7）「人間は自ら構築する間接的世界（……）である」――（8）「人間は歴史である」――（9）「人間は未来の思想である」。

　歴史心理学のこの創立者は「すべての人間活動は組織化された形に至る」と書くことにより，たとえ未完ながらも作品の媒介的役割に注目しておりますし，これによって間違っていないことは

　　呼ばれていた言述機能をもつ，擬人的投影でもあることは，爾来十分に注目されてきたでしょうか？ ヘーゲルにあっては，これは実際上表示言語に属する思弁的比喩として現われています。ですから，私見では，これはそのあらゆるアナロジー的可能性を残しているように思われるのです。
 * 《L'entrée dans l'humain》. 当初，在職 50 年論集 *Essays in psychology dedicated to David Katz*（Uppsala, 1951, pp. 180-191）に，その後，*Revue philosophique*（1952, pp. 1-13）に発表。この論文は遺作集に再録されました――Ignace Meyerson, *Écrits. 1920-1983. Pour une psychologie historique*（Jean-Pierre Vernant の《Introduction》付き），Paris, PUF, 1987. pp. 71-80.

もちろんです。人間の作品の世界はこのように，文明の諸形態の歴史や，「心理的機能の歴史」という，二重の資格をもつこの心理学者の関心を引きつけるのです。（後者の機能は前者の諸形態を復権させるのに必要なのです。）作品から，これを構成した諸作用へと——さりとて，同化された経験から思いついたり，夢想されたりした目標が，「人間は作品を介しての変形である」ようにしている過程を排除するわけではありませんが——移行しているのです。以上が要するに，マイエルソンをして「精神は実現されるだけにいっそう精神なのである。作品は精神を表現すると同時にそれを創造する」*と言わしめている，全体の運動であるように思われます。

　生成論の用語では，このことは，作品の社会生成や心理生成がそれらの共同作用においては，ゲーテとかヘーゲルにおける行為(Tun)と思考（Denken）との連関につながるというのと同じではないでしょうか？　周知のように，とりわけヘーゲルにあっては，世界のさなかでの個性の利己的営為ないし行為は，この個性をそれ固有の奸策の犠牲にすることにより，その奸策が「その

---

* *Ecrits,* p. 76. 明確にしておかねばならないことは，私が目にしたI・マイエルソンの本文中に，策略なる精神的範疇が出ていないということでしょう。でも付言しておきますと，歴史心理学のような，科学的説明のモデルは，この範疇と両立可能な認識的検証（たとえば，間接的連関，媒介，反対物の止揚，道具的思考，内的合目的性といったような）に適しうるだけでなく，I・マイエルソンの弟子——J.-P. ヴェルナン（M・ドティエンヌとの共著）*Les ruses de l'intelligence. La mètis des Grecs,* Paris, Flammarion, 1974——のような仕事も示しているように，実際にうまくそれに適合しているのです。

個性の信じている以上に上等」であるようにもしてしまうのです。なにしろ,「その作用は同時に（中略）普遍的作用でもある」* からです。

　抜け目のない行為を介して,このように,ヘーゲルは精神の動物界の敷居そのものたる理性の庇護下に,実際的現実と普遍という,存在様態の合流点に着手しているのです。思考し行動する個性や世界の流れのあるところには,疑いもなく,活動的な精神が存在しますし,しかも,作られた精神——また実際,「現実であるだけにいよいよもって精神」——も存在するのです。

　主体の諸学以前に,ヘーゲルが主体の活動の観念的射程は普遍的になりうることを私たちに示し得たこと,このことは否定することができません。私はここでこの"先取り"——千年の歴史の近代的段階そのもの——を研究する余裕がありません。でも,結びとして,こう述べても当然なのです。すなわち,

——私たちの新自由主義者は,人間精神の歴史に無縁であるどころか,彼自身,ほかの人びととともに,現前する精神の諸問題の利害関係者である。
——同じ武器を持つとはいえ——あまりないことだが——,世界の流れは規則的に徳や善意に打ち勝っているし,その結果,これらは目的の実際的真実たる手段とは,世界の流れから当事者に自由に任されているものだということ,もしくは,それを征服できるはずのものだということ,を見るのを拒んだり,または見ることができなくなっているのである。

* ヘーゲル（J. Hippolite 仏訳）『精神現象学』, I. Paris, Aubier, 1939, p. 320.

——"ロビンソン・クルーソー的なやり方"にもかかわらず,活動的な精神は個体と普遍との具体的統一なのである。そして,普遍性の存在するところには,遺産と創造的活動,記憶と人間集団,諸矛盾の先鋭化と止揚が存在する。
——ヨーロッパはこういう普遍性であるし,また,ヨーロッパの民はそれの決定的な生きた力なのである。

ヘーゲルの遺産におけるヨーロッパの理念と精神的地理

ジャン=ルイ・ヴィエヤール=バロン
（ポワティエ）

　ヨーロッパ風に考えるということは，ヨーロッパ人として考えたり，ヨーロッパへの帰属意識をもったり，あるいはむしろ，自らの考えをヨーロッパの次元に拡大したりすることなのでしょうか？　これでは，哲学者の状況の文化史的有限性を自覚することを意味するだけです。決められた，しかも完成された言葉で考えるのでなければ，誰も直接的に普遍の中で考えたりはしません。

　第二の質問は，思考の問題を対象とする人にとって気がかりなものです。それはつまり，精神の地理を横断する，東方と西洋との区切りです。この区切りはまたヨーロッパをも横断しているのか？　東方正教会の宗教は，ヨーロッパの東方人たちを規定してはいないのか？　実際，カントが考えていたこととは反対に，ヨーロッパと西洋とは同じではないのです。ヨーロッパはたんに経済的統一でも，政治的統一でもない限りでは，精神的東方はヨーロッパを愛しているのです。*

　＊　H・ゴルヴィッツァーやJ・ニュルダンの概念的に極めて薄弱な分析——H. Gollwitzer, *Europabild und Europagedanke* (*Beiträge zur deutschen Geistesgeschichte des 18. und 19. Jahrhunderts*), München, 1964.; J. Nurdin, *L'Idée d'Europe dans la pensée allemande: l'Europe bismarckienne*, Lille, 1978——は脇にどけてかまわないでしょう。

1. ヨーロッパの差異

　文化の視点に身を置くと，差異とは，文化どうしの距たりを測るものです。文化どうしのたんに量的な差異はあり得ないでしょうから，差異は多様性の文化的な形です。18世紀はヨーロッパにとって，精神的な時期でありました。その時代には，差異の認識は異国趣味の探求につれて成し遂げられましたし，また同時に，啓蒙の精神には，諸文化の有限性や多様性を認める者にとってははなはだ不十分ながら，普遍についての端的な考え方が染み込んでおります。ところで，時間的次元（つまり，東方の神秘な源泉たる古代エジプト，ギリシャ・ローマ，アテネ，イェルサレム）においても，地理的次元においても，こういう文化の多様性を精神のあやと考えるのは，帰するところヘーゲルのものなのです。このことが意味するところは，それぞれの文化はそれぞれのやり方で，絶対なるものを参照してこれを表現するし，また結果としては，いかなる文化も他の諸文化が模倣すべき不変のモデルとしての価値をもちはしない，ということなのです。ですから，ヘーゲルは古典時代の終焉を表明しています。古典時代はギリシャ・ローマのモデルの優越性や，強制された規則としてのこのモデルの模倣を前提にしています。しかし，ヘーゲル哲学はまた，現在の人類学——つまり，特殊性における差異の探求——を取り仕切る心性の誕生とも符合しています。

　でも二つの点に関しては，ヘーゲルの遺産は十分に理解されてきませんでした。一方では，西洋と東方との図式的対立は，ヘーゲルが強調しようとしていた相違をすっかり無視するものです。熱狂的な反-西洋主義においても，西洋の自信過剰においても見

られるこの対立は，実際上，イデオロギー的次元に属しており，したがって，人民の自由の諸原理や理性だけに支えられた，基本的でかつ明快であろうとする，あらゆる哲学的分析に逆らうものです。ところが逆に，多様性への関心は，民族学的思想——これによれば，差異は確証すべき事実であるだけではなくて，絶対精神の表現形式として合理的に正当化されます——の中に，顕微鏡的分析となっても，ヘーゲルの原理の忘却となっても，しばしば現われているのです。差異を確証することはポジティヴなことですし，他者の違いを尊重することはなおさらポジティヴなことです。でも，哲学者はその違いの理由を尋ねるべきですし，また，その違いが私の知らぬ性質の増殖した恣意的結果だということをも示すべきなのです。

2．ゲオルク・ジンメルの分析の面白さ

ここでは，ゲオルク・ジンメルが1918年以前に行った，ヨーロッパなる理念の分析が私たちの手引きとして役立つかも知れません。ジンメルが明快な哲学者として認めているのは，さまざまな文化をもつ人びとどうしのコミュニケーションを唯一可能にする，理性の普遍性です。しかし彼はまた，もろもろの国民的気質の存在や，人間環境の極端な多様性をも認めております。こういう多様性を，彼はヨーロッパ諸文化どうしの差異のうちに見て取りましたし，そして，この考察がなされたのは，1870年から1914年にかけての脈絡や，さらには第一次世界大戦の悲劇的な脈絡においてなのです。

1917年の一テクスト「近代文化の葛藤」は，問題の全般的枠組を据えています。文化はそれによって人が自然の上に高まるた

めの手段である以上，いかなる文化にも内在的な矛盾が存在します。それはつまり，文化が政治制度であれ，芸術作品であれ，技術上の実現であれ，生活習慣であれ，あらゆる領域における人間の所産の総体であるからです。ところで，これらの人間的所産は，これらが現われるときには，固定したスケール，安定性や，それらの存在を続けようとする傾向を有しており，これらを生じさせた把握しがたい創造的飛躍に対して絶対的に逆らいます。したがって，どうしてもいかなる文化であれ，歴史を持つ必要が生じます。つまり，文化はそれが誕生するや，消失への不可避な過程に入り込まざるを得ないのです。ですから，文化には地理的多様性だけがあるわけではないのです。差異はあらゆる人間文化のもつはかない，歴史的性格に組み込まれているのです。ですが，このことは機械的かつほぼ自動的に起こるのではありません。ジンメルに言わせると，文化は悲劇的なのです。文化の安定性への傾向と，これを侵食する社会生活の圧力との間には，葛藤が絶えず存在するからです。いずれの文化にも内在するこの矛盾は，ベルクソンのいう閉と開，さらには，既製 (tout fait) と営為途上 (se faisant)，なる対立に符合します。

　文化には危機が存在しますし，まさしく現代欧州文化ではそれが現実となっており，この矛盾がはっきりと形をとりつつあります。つまり，創造的飛躍が，閉じた形で具現化されざるを得ないという原理と，公然と矛盾に陥りつつあるのです。周知のように，こういう矛盾は中世の有名な，アッシジの聖フランチェスコの例に見られます。彼の禁欲への一徹さ，彼の清貧および簡素の方針は，制度としてのキリスト教会と根本的に対立するものでした。しかし同時に，彼は当時の社会の中におよそもっとも創造的な飛

躍をもたらしたのです。ところで、不可避な矛盾により、彼は当初から、精神的な純粋の飛躍と、固定した社会形態——つまり、修道院の秩序——への沈静化との間での、この最初の緊張に苦しむこととなる、"小さき兄弟修道士たち"の修道会という制度の創立者となるのです。はるかにもっと理論的な次元では、マルクスは革命的・再生的な純粋の飛躍として無産者階級（プロレタリアート）を夢見ていました。彼はこれを「階級なき階級」と呼んでいたのです。ところが、一連の歴史が示したように、プロレタリアートも他のもろもろと同じく、一つの社会階級——その存在を続けようとする一つの固定した社会形態——以外の何ものでもないことを実証したのです。

3. 近代文化の先駆的哲学者たち

近代文化の危機の偉大な先駆者たちは、ジンメルの目からすると、二人いたのでして、彼が書いているときには彼らはまだ大学の権威を有してはいなかったのですが、やがて、『ショーペンハウアーとニーチェ』という、彼らの仕事を対象とした、夥しいすぐれた著書のせいで、彼らはこの権威をもつに至ったのです。少なくともドイツに関しては、19世紀の観念史におけるショーペンハウアーの例外的な重要性の発見は、まさしくジンメルによるものなのです。ジンメルは大著『ショーペンハウアーとニーチェ』（*Schopenhauer und Nietzsche*）中、4分の3を前者に献じていたのです。19世紀末のフランスにおけるショーペンハウアーの死後の巨大な影響については、最近アンヌ・アンリが研究しましたから、私はここでは脇にどけておきます。ジンメルに何よりも強い印象を与えているのは、ショーペンハウアーの悲観論

ではなくて, 生の意欲による, しかも実際上, 意欲の内奥の本質としての生による, あらゆる現実の説明です。残余のすべてに意味と価値を与えるのは, 個々の内容ではなくて, 根元をなすものとしての生なのです。この点では, ニーチェの出発点はショーペンハウアーのそれと異なってはおりません。

　形の拒否は表現主義の美術に現われており, 後者は描かれるものと, 絵画の由来たる感動との間に共通点を見いだそうとはしておりません。反対に, 表現主義の絵画はあらゆる形から反れ, あらゆるモデルを拒み, 芸術家の印象をあらかじめ定められた形に押し込まないで, これを彼が好きなように変えようとしています。生の流れがあらゆる形を犠牲にして, それ自体のために表現されるのです。ファン・ゴッホの美術が人を魅するのは, 私的生活の深みが絵画に強烈に表現されているため, それが他の分野でも表現され得たであろうと思わせるからなのです。元の生活の事実をもっとも端的に表現しようというこの要求は, 独創性そのものへの近代の崇拝にも見いだされます。近代の意識が追求しているのは, こういう最先端の個性なのです。* この傾向の危険は, 不定形なもの, 下書き, 不明瞭なものに行き着くことです。そして, このことは20世紀の文化的所産において気づく事実でして, ここでは, カオスや無秩序が伝統的な固着した形式主義より以上の地位を占めているのです。ジンメルはまた, 近代精神の危機のうちに, あまり社会化されていない, より散漫な宗教的飛躍を目指

　　＊　ジンメルは近代個人主義をそのお気に入りのテーマの一つとしましたし, 幾多の例は, 私が仏訳した二巻の論集 *Philosophie de la modernité* (Paris, Payot, 1989 – 1990, 2 vols) においても見いだされます。

86　ヘーゲルの遺産におけるヨーロッパの理念と精神的地理

そうとする——たとえこのことが肯定的な，または否定的な局面を帯びようとも——，制度化された宗教の終焉を看取する術を心得ていたのです。

このように，古典的形式主義とは根底的な相違を見せることにより，近代文化は一種の行き詰まり状態に陥っているのです。なにしろ，形の原理に対立しながらも，それでもそれが自らの創造的飛躍を表現するのは，新しい形においてなのだからです。

4．第一次世界大戦のヨーロッパを考える

第一次世界大戦はこういう危機状況の一つの現われなのです。ジンメルも短いエッセー「ヨーロッパの観念」* の中で，このような自殺的な戦いの後でヨーロッパから残りうるものを明確にしようと試みています。もっとも文明化した二国が互いに破壊し合おうと夢中になったのでした。1918年の勝利は十分でなかったのです。ドイツの覇権欲がユダヤ民族への絶滅欲と入り混じるなかで終止符を打つためには，第二次世界大戦を必要としたのでした。

1917年にはジンメルの目からは，ドイツとフランスとの相違がすぐに明らかになります。つまり，ドイツの物的状況はその社会状況がはっきりと劣っているのに，フランスの物的状況よりも優れているのです。同じ分析はベルクソンにおいても感動的でナイーヴな言葉で見つかるのでして，彼はフランスの道徳力はドイツの技術力に対抗して用いられず，時間とともにすり減るから，優れているのだ，と主張しているのです。でも，ジンメルも示し

---

* 1917年の小選集 *Die geistigen Entscheidungen* に収録されました。

ているように,戦争はドイツにとって,とりわけ当初,犠牲への熱狂が前代未聞の力をもって発揮されたときには,道徳的意味の覚醒の機会だったのです。したがって歴史的・社会的視点からは,二つの近隣国家どうしの相違は誰の目にも明らかなのです。つまり,ドイツはいまだに半封建的社会体制の下に生きていて,最近になり一時的な政治的統一を得ているに過ぎないのですが,産業革命がジンメルの告発する価値の退廃という,錯乱した方向をたどったのでして,ここでは技術がもはや幸福感を得るための手段ではなくて,一つの目的そのものと化したのです。フランスでは,政治世界に道徳の退廃が支配していました——ジンメルも誕生しつつあった第三共和政のさまざまな醜聞に注意を引きつけられていたのです——が,しかし道徳的更新は20世紀の最初の10年間に現われていたのです。社会ははるかに前進していましたが,産業化はまだはなはだ限られておりました。

　文化どうしの相違はどうなのでしょうか? 1917年には,ヨーロッパは一つの政治的現実ではなくて,一つの精神的現実でしたし,この意味で,ジンメルを初め若干の人びとは戦争が取り返しのつかないほどに破壊してしまったとはいえ,精神的統一の一部を形成しているとの感情を抱いていたのです。この点はいくら力説してもしすぎることはないでしょう。ヨーロッパが一つの精神的現実のままであるためには,ヨーロッパは歴史に抗し,また,自己消滅への意志そのものにも抗しなければなりませんでした。有意味な例としては,グザヴィエ・レオン〔(1868-1935)フランスの哲学史家〕が1890年前後にフランスの大学の哲学教授たちと交わした書簡全体を調べてみて気づくのですが,ドイツの同僚たちとの接触が絶えずありましたし,また,ドイツの大学の威厳はフランスの哲学者たち

にあってはとてつもなく大きかったのです。1914-1918年の戦争がもたらした豹変や頑迷のもっとも顕著な場合としては、ソルボンヌの哲学大家で、ドイツ哲学の専門家であり、ライプニツ、カントによく精通していたエミール・ブートルー〔(1845-1921) フランスの新唯心論哲学者〕があります。ところで、この大戦後の最強の反ゲルマン主義的攻撃は、彼の言葉に見いだされるのです。ほかならぬ彼がドイツ思想や不幸をもっとも荒々しく、かついかなる種類の陰影もつけずに吸収していますし、他方では、彼はヤーコプ・ベーメ〔(1575-1624) ドイツの神秘主義哲学者〕やシェリング〔(1775-1854) ドイツの先駆的観念論者〕の講義を行っていたのです。もちろん、ブートルーはだんだんと重要な公職に就くことになりました。けれども、戦争の心理的外傷を理由にドイツの文化的遺産への愛着全体を拒否するのは妙なことです。ベルクソンが過度の愛国心を表明したり、哲学者にあっては当を得ないドイツ中傷を行ったりしていても、容易にこれを赦してかまいません。なにしろ、彼は他国出身であって、英国や合衆国に向いていましたし、彼はドイツを知ってはいなかったからです(ヴントの主宰する哲学雑誌を参照している脚注から、とりわけ見てとれるように、彼がドイツ語を完全に読めたにしてもです)。*

5. 偉大なるヨーロッパ人たち

ジンメルは国際主義にひどく反対しておりまして、偉大なヨーロッパ人たちはそれぞれの故国にすっかり根ざしていた、と力説

---

* この脚注からは、ベルクソンがリボー〔(1839-1916) 1876年より *Revue philosophique de la France et de l'Etranger* を創刊〕の「哲学雑誌」の全号を読んでいたのと同じように、ヴントのそれをもはなはだ入念に読んでいたことが分かります。

しています。彼はドイツ人たちが国際主義，さらには，そのもっとも滑稽な形たる諸国漫遊主義に身をゆだねてきたことを激しく非難しています。ヨーロッパ人であることは，国際人であることを全然意味しません。人は世界市民ではないのです。重要なそれぞれの個性は，きちんとした根をもっています。国際人的普遍性は一つの幻想です。歴史は大いなる個性や，その個別的な根づきに立脚しています。ヨーロッパは一つの観念なのであり，それぞれの特定の国民生活を抑圧することなく，これに結ばれなくてはなりません。ヨーロッパはそれぞれの国民的帰属に一つの精神的統一として重ねられているのです。ジンメルが挙げた偉大なヨーロッパ人たちの例を指摘することができます。フランスにとってはベルクソンがいました。彼はユダヤ系でしたが，ユダヤ教についてはまったく無知でしたし，父はポーランド人，母は英国人でしたから，フランス国籍を自分で自由に選んだのでして，だからこそ，彼はみんなにとってはフランスの哲学者にして偉大な一ヨーロッパ人となったのです。英国にとっては，ジンメルはダーウィンを例として挙げており，このことはまったく問題ではありません。ロシアにとってはトルストイでした——し，ここでもトルストイのヨーロッパ性は認められてかまわないのです——。トルストイ自身もその回想録の中で，学生のとき，大学はすっかりヘーゲル一色だった，と語っています。疑いもなく，ロシアのヨーロッパへの帰属はより問題性を孕んでおります（ジャック・ロラン・ド・ルネヴィルも書いていたように，ヨーロッパの展開のことなのか？ 数世紀以来，外交官たちに知られてきた，しかも19世紀にはルロワ＝ボーリュにより有名な「両世界評論」(*Revue des deux-mondes*) の中で完全に研究されてきた，ロシ

アの悪巧み，ヨーロッパ帰属からの逸脱が認められるべきなのか？　ここでは答えられないでしょう）。でももっとも顕著なことは，二人のドイツ人がジンメルによって，1914年以前の最後の数十年間で最大のヨーロッパ人と見なされているということです。ビスマルクとニーチェです。前者はドイツの統一を主張したり強固にしたりするために，1870年に戦争を挑発しました。後者は世界主義への傾向を有しています。真実のこと，それは，彼らが近代ヨーロッパの創造者だということです。これら偉大な個人がいなければ，ヨーロッパ精神は存在しないし，私たちはヨーロッパ人として考えることもできはしません。

6．ヨーロッパの歴史的観念

実際，ジンメルはヨーロッパ精神に，歴史地理的根っこのない合理性と，一地域から別の地域へ，さらには，一村落から別の村落へと変化する習慣の特殊性との，媒介的な認識論的地位を与えようと提案しているのです。ヨーロッパの観念はプラトン的な，超歴史的な観念なのではありません。それは歴史的観念であり，「それが絡んでいる生活より高くに位置しているのはもちろんながら，これと結びつき，そこからその力とその意味を引き出している，精神の一つの創造」なのです。

それは「精神財の総体」なのです。誰もヨーロッパ遺産の存在に異議を唱えはしないでしょう。ギリシャ・ローマの古代，中世キリスト教の寄与がそこには感じ取れます。しかし，その存在は歴史の舞台から消失するかも知れません。なにしろ，それはヨーロッパ人たちの意識どうしの収斂に過ぎないからです。一国家でもなく，単独言語をも持たないけれども，ヨーロッパは可視的な

遺産や不可視な遺産を有しています。美的作品の総体は目に見えます。しかし，ヨーロッパの現実の前進的な歴史的建設の全体は，不可視の遺産なのです。ヨーロッパがまず精神的な一つの現実として存在するのは，分割された，血なまぐさい過去を通してなのです。過去の悲劇，二つの世界大戦の悲劇，社会主義の東欧と自由主義の西欧との徹底的断絶の悲劇は，ヨーロッパの実際の現実の具体的証明のしるしですが，ヨーロッパはこの現実を制御してはいません。1939-1940年の不吉な冬学期になされた，「ヨーロッパ精神」に関する講義の中で，レオン・ブランシュヴィクは勇敢にも，この——精神の共和国や，自由の支配の確立を目指す——精神的・思弁的遺産とヨーロッパ精神との一致を主張していました。

　第一次世界大戦の悲劇は，ドイツ人にとっては，他のものやそれ以上のもの，つまり，ヨーロッパ的なものとしてしかゲルマン性を引き受け得ないという，ドイツの精神および特質の本性そのものに由来しているのです。フランス人にとっては，フランス的であることを受け入れるのに自らをヨーロッパ人であると感じることは必要ではありません。しかし，両世界大戦以前でさえ，ドイツ人にとってはそのことが精神的必然だったのです。ここにこそ，はなはだ深刻かつはなはだ生々しい相違があるのです。

7．フッサールによるヨーロッパの規制観念，つまり理性

　結びとして注記しておきますと，フッサールはウィーンでの有名な講演「ヨーロッパ文化の危機におけるヨーロッパ人間性」（*Das europäische Menschentum in der Krisis der europäischen Kultur*）の中で，ジンメルの諸問題の言葉づかいをはなはだ正

確に再び取り上げているのです。ヨーロッパは政治的には1935年には存在しておりませんし，フッサールは国家社会主義を最悪の敵と——名づけてはいませんが——指し示しています。ですから，フッサールはヨーロッパを指し示すのに，奇妙なドイツ語の表現 *geistige Gestalt* を用いております。この意味は知的建設ということです。ジンメルの表現 *historische Idee* はこれほど抽象的ではなく，より率直かつより力強いものでした。ヨーロッパとは，理性のそれにほかならない，普遍性を備えた，一つの「規制観念」なのだ，と認めるほかはないでしょう。このことは帰するところ，ヨーロッパの特殊性を普遍性の類義語たらしめることになります。かくして，非ヨーロッパ人はヨーロッパに限界を固着できないからには，ヨーロッパ化されるように運命づけられていることになるのです。ところで，ヨーロッパに限界がなく，ヨーロッパ精神が普遍的精神だとしたら，どの状況がこういう観念を必要としうるのか，もはや分からないことになります。

　ジンメルとフッサールという，二人のユダヤ系ドイツ人にあっては，人種差別的なものは皆無であり，お互いとも，母国のリーダーたちの権力欲や，好戦的傾向には頑強に対立して生きたのでした。逆にフッサールにおいて議論しうること，それは，実をいうとかなり伝統的で，あまり独創的ではないが，危険な，ヨーロッパ精神と普遍的理性との同化なのです。こういう同化の理由は，フッサールがカントに回帰しようと欲したことにあります。ところで，カントはヨーロッパの文化どうしの相違を無視していました。なにしろ，彼は18世紀人のヨーロッパについての要約的で普遍主義的な見方をもっていたからです。ヨーロッパ精神が理性と一体をなすとすれば，ヨーロッパ外的な合理性を見つけだ

すことはできなくなりますし，国際主義はただ，普遍的合理性を世界規模へ拡大しただけ，ということになってしまいます。

　反対に，ヘーゲルの遺産に忠実なジンメルは，あらゆる文化に不可避的特徴としての相違を認識していて，彼はフランス文化とドイツ文化がヨ・ー・ロ・ッ・パ・の・観・念・という——相互に実り多い交換を可能ならしめる——より高い統一の一部に属するのだと主張しながらも，両文化どうしの相違を強く認識しているのです。

8. 守り切れない反ヨーロッパ主義

　ですから，ベルナール・ブルジョワが論文「（カントからヘーゲルに至る）ヨーロッパのドイツ哲学」* の中で提起したテーゼを受け入れることができるでしょう。この著者の主張によると，「ヨーロッパの政治はヨーロッパ"建設"という粘り強い政策断行主義で規定されることはできない。ヘーゲル主義がヨーロッパのドイツ哲学を飾りながらも，こういう試みの内容も形式も否定しているのである」。このように，ヨ・ー・ロ・ッ・パ・の・観・念・の精神性は，政治的建設となることをこの観念に禁じていることになりましょう。ヨーロッパ精神とヨーロッパ政治との弁証法の問題は，一つの真の問題なのです。ヨーロッパがこれを活気づけるための精神抜きの，政治-経済的協和だとしたら，それは何らの意味もありません。けれどもベルナール・ブルジョワは続けて言っています——「ヨーロッパの精神は，精神を完成させ，その諸要求を絶えず世界に想起させることだし，これらの要求は普遍的生活の確立に要約されるのだから，ヨーロッパ精神は政治的客観性の分離要素の中で，したがって，普遍性の有能な証人の役割を危うくする

---

* *Philosophie politique*, 1991, n°1, pp. 83-104 所収。

ことなく，他のもろもろの精神を排除する—精神として，実現されることはあり得ない。ヨーロッパは政治上，存在のメタ政治的——または，語の勝義での文化的——真理を立証しうるようなものでなければならないし，このことは，ドイツ観念論にしたがえば，いわゆる政治的なその統合を禁じるのである」。ところで，実際には，政治的次元と精神的次元との峻別が絶対に必要なのです，——政治的変遷がどういうものであれ。

　しかしながら，第一に，ヨーロッパ建設を哲学の精神的自由にとっての脅威と考えるのであれば，そもそもここからこういう建設へのいかなる禁止も導き出すことはできないでしょう。哲学の精神性はそれが或る遺産に文化的に根ざすことを妨げはしませんし，これなくして哲学はいかなる未来ももつことはないでしょう。哲学からはヨーロッパ建設のための肯定的であれ否定的であれ，いかなる論議をも引き出すことはできません。でも，ヨーロッパの観念は，何らかのヨーロッパ中心主義，合理性とヨーロッパとの擬似同定を唱える哲学者にとって好機であるどころか，反対に，私たちの思想の限界をつつましやかに，かつはっきりと認めることなのであり，こうした限界は私たちの歴史，私たちの過去にとり絶対的なものではなくて，相対的なものなのです。

　第二に，政治に対しての哲学や，哲学的省察のありうべき一切の影響を拒否する権利は，私たちにはありません。政治家が他の人びとと同じような人間であるとしたら，彼はその行動の方向を定めるために，もろもろの価値，もろもろの原理が必要となります。行動への緊急の必要から，政治家が現実的実用主義にかり立てられるのは疑いありません。でも，彼に精神的価値への接近を禁止することは，彼が哲学者の忠告を純粋かつ率直に遂行するだ

ろうと信ずることと同じく、正当化し得ない一つの先験的(アープリオリ)なやり方です。

　ヨーロッパ的に考えるということは、政治家に対して、いかにヨーロッパを建設すべきかを言うことではありませんし、この建設を彼に禁止することでもありません。哲学的道理がその判断を表明しうるのは、事後のことに過ぎません。ミネルヴァのフクロウは日暮れてから飛翔するのです。それがヨーロッパについてはその観念しか知らない点では、ちょうどヘーゲルが国家の観念——これだけが経済的国家には欠如している実際的現実性をもつのです——しか知らないのと同じです。この国家の観念は一つのモデルではありますが、模倣すべきモデルではありません。それはたんに、そういうものと欲するであろうような、あらゆる国家の観念的青写真に過ぎません。国家の観念を国家と混同するのは、哲学上の観念論を放棄することです。もっと深刻なのは、哲学者を教訓の供与者、人類にとってのガイドとすることです。これはフィヒテの幻想だったのですが。ヘーゲルの遺産が、ヨーロッパの政治的建設に際して、ちょうど僭主ディオニュシオスのおかげでシュラクサに理想国を建設できると信じたプラトンのそれと同じようなユートピアを表わすために招請されるときには、ひどく虐待されることになるのです。哲学者が国家において発揮するのは、彼が観念(イデア)の専門家であり、また政治家がその行動を明らかにするために観念を必要とする以上、間接的役割なのです。ヨーロッパの観念は純粋思考の領野に属してはいません。それはまた、端的な経験的建設の領野に属しているのでもありません。

　ヨーロッパについての哲学的使命があるとしたら、それは局所

化された区域の中で，いかなる思想にも必要な根づきと結びついた，それ固有の限界を知ることでありますし，しかも，その目的はそれ固有の境界を絶えず乗り超えるためなのです。ヨーロッパ精神は恭順と飛躍という冒険のこの弁証法から成り立っているのです。精神の自由は決して与えられたりはしません。それは自らの固有の限界を不断に乗り超えるなかで獲得されるのです。ヨーロッパ意識に哲学的機能があるとしたら，それはこういう過程においてなのです。対当論証により，素朴な哲学者なら，自らの限定を認識してこなかったために，この限定を決して超えることができないでしょう。真のヨーロッパ人たちはヨーロッパの帰属意識を自覚するために懸命に空しい努力をしてきたのでありません。そうではなくて，彼らはそれぞれの国，それぞれの言語，それぞれの文化の境界の彼方で，同一大陸の成員どうしの交換の富や価値を立証しようとしてきたのです。ヘーゲルは真にヨーロッパ的なこの精神を海で象徴化しました。「アジアでは，海は何の重要性もない。むしろ，人びとは海への港を閉ざしてきた。逆にヨーロッパでは，大事なのは海との関係なのだ。〔中略〕海はアジアの生活には欠けている，外部へ向けてのこのはなはだ特別な傾向をともにもたらす。それ自体よりももっと遠くへ向けての生活というこの展開を」。*

---

* *Die Vernunft in der Geschichte,* Felix Meiner Verlag, p. 198.

諸文化のヨーロッパのために

マンフレート・ブール

(ベルリン)

1. 欧州統合の現下の過程を観察していると、どうしても悟らざるを得なくなるのは、それが経済的利害によって大幅に決定されるということです。この点では、ユーロの通貨が優れて決定的な統合手段だと推測されます。しかしこうしたやり方では、ヨーロッパの統合過程がたんに経済的・政治的次元だけではなくて、同じく、文化的、観念的、民族的重要性をももっていることが分かりません。こういう赦しがたい無視は、ヨーロッパの人びとや民衆を"失念している"*のでして、彼らなくしては、統一ヨーロッパは出来上がらないでしょうが、彼らはユーロの約束に多かれ少なかれ無関心なままなのです。実際、これらヨーロッパの人びとや民衆が第一に望んでいるのは、より広大な祖国——平和・調和・寛容・連帯・権利の平等が政治生活において支配し、かつ実行されるような、ヨーロッパの"家"——なのです。

同じく、ヨーロッパの統合過程は実際上、統合と分解の両方で特徴づけられると言ってよいでしょう。ヨーロッパが人びとや民衆のそれになるべきであり、コンツェルンや銀行のそれになるべきではないとすれば、こういう緊張の徴候を克服せねばならない

---

* Cf. 《Unsere kreative Vielfalt. Bericht der Weltkommission 'Kultur und Entwicklung'》. Deutsche UNESCO-Kommission, Bonn 1997.

でしょう。

 2．この意味で無視できない一つの方途は、ヨーロッパの文化遺産を想起することです。このことは、私たちの大陸の統合過程を結実させるかも知れません。* このためには、視座の変更、欧州文明の統一性と多様性への方向づけ、これらを庇護する配慮、が必要になります。

今日、文化の概念は依然としてヨーロッパの視座でではなく、あれこれの国家的次元で解釈されることが極めて多いのです。(ドイツ、フランス、イタリアといった) いわゆる "大" 国は目下、支配的役割を演じている反面、いわゆる "小" 国は (語の最勝義での) ヨーロッパ文化の発展のために第一級の役割を演じた——し、今日でも演じ続けている——のに、しばしば遠ざけられております。こういう事態は無視され続けています。ですからここでは、ヨーロッパの文化進展への自覚は、とりわけ第一には経済的に強力な国々によってではなくて、もっぱらそれぞれの国家的視座に従って着手されるべきだ、と強調するのがふさわしいのです。この点では、いわゆる小さなヨーロッパ諸国の文化的進展が、大国のそれと同様に重要視されねばなりません。私たちが置かれている時点では、ヨーロッパ小国の文化遺産の問題は、現在まで無視されてきたのですから、今後はよりしっかりと扱われるべきでしょう。そのほか、ヨーロッパの小国は数世紀にわたり、大国の模範になりうる、またなるべきいろいろの考え方を展開してきました。オランダ、フィンランド、ポルトガル、スイス、

＊ *Cf.* M. Buhr（編）, 《Das geistige Erbe Europas》, Napoli 1994（葡訳 Lisboa 1998）.

オーストリア，ポーランド，ハンガリー，アイルランドや，また旧ユーゴスラヴィアといった諸国のことを考えれば十分でしょう。

3．以上の考察から，ただちに持ち上がるのは，語の最勝義での文化的修史における中心と周縁の問題です（これを"小国"の"偉大さ"と呼んでもよいでしょう）。こういう視点が強調するのは，通常，少なくとも過去に見つかるような，文明史の時代区分にかかわる特性や，また同じく，ヨーロッパのさまざまな地域における文化遺産の問題，ということになるでしょう。このことから，他のデーターとともに，私たちが導かれる欧州文明の地理は，もはやこれを最後に樹立されることはなくて，それは過去におけるその進展具合をも今日のものと同じように素描されねばならないでしょう。そこから結果としては，多様であるとともに統一された欧州文化なるテーマが出来(しゅったい)するでしょう。そこへ到達するためには，広く支持されてきた仮説——これに従えば，その方向がはっきり定められており，いかなる断絶もないような，一方向の道を歴史はたどることになります（歴史過程の還元に至る説）*——の放棄が予測されねばならないでしょう。

4．このことから，私たちはもう一つの質問を提起せざるを得なくなります。ヨーロッパの文化進展の枠内に存在するもろもろの可能性や解決策で，過去には効果なしに放置されているものには，どんなものがあるだろうか？　歴史にあっては，データーが効果を発揮するのは，他の諸可能性を遠ざけたり，捨てたり，除

---

* Q. Racionero, "Politische Aufklärung und Staatstheorie bei Leibnitz", in *Europa*, pp. 517*ff.*

去したりすることによってでしかありません。このことはつまり，歴史により供された可能性は，そのすべての富が必ずしも活用されはしないこと，そしてしばしば，その解決策は使用されていないこと，を意味します。そこには第一に，社会階級，環境，集団の，多様かつ多岐な利害が立ちはだかります。換言すると，歴史の中には，積み重ねられた層により評価されなかったり，忘れ去られたり，包み隠されたりした要素，決して汲み尽くされなかった地下流や，それぞれの時代精神を超越している要素，が存在します。こうしてみると，歴史はたんに過去に属するだけではなくて，現在や未来にも属するのです。

とりわけ現代のような，歴史的断絶で特徴づけられる時代には，こういう歴史観を明確にしなければなりません。なにしろ，こういう考え方は，歴史を通してかつて汲み尽くされたことのないもろもろの可能性についての私たちの地平を拡大してくれるだろうからです。でも，目下の論争はこの枠組に収まりはしません。これは実際上，対話の古典的形式を放棄してしまっているからです。とはいえ，やはり承知のうえであろうとなかろうと，歴史過程の還元につながれ続けています。今や，こういう還元を取り除くべきときです。なぜなら歴史過程の還元のゆえに，現下の修史も，同じく政治も，依然として，事実の規範性という有害なテーゼや，外的政治は内部のそれに勝るべしとか，経済は政治に勝るとか，といった考えや，一種の二極的思考法によって，あまりにも支配され過ぎているからです。ところで，この最後の思考法が行き着く先はいつも，周縁的"他人"なる観念をつくりだすことにより，ある少数民族とか或る個人を社会的にのけ者にすることなのです。

ですから，歴史的断絶は決して好機と受けとめられているわけ

ではないのです。こういう歴史的状況は，自由地帯をつくりだしますし——これは区別しなくてはなりますまい——，また，政治にたよらずとも，少なくとも思考により埋められるべき真空地帯もつくりだします。こういう歴史解釈は，対話を特徴とする新しい思考形態に入ったり，または，"他者"をのけ者にしない新たな関係に則して考え始めたりする機会をもたらします。

そこから結果するのは，欧州統合過程の歴史‐哲学的基盤を練り上げるという，もっとも重要な課題です。この課題には「ヨーロッパ——起源・現代・未来。非ヨーロッパ文明との関係からも，自らの多様性・統一性からも眺めた，ヨーロッパの文化的，観念的，精神的遺産」*なる表題を付けてかまわないでしょう。

5．「ヨーロッパが新しい形をとっていることはまったく疑いない。提起される質問は（……）歴史的伝統やこれが生じさせた観念ないし価値をすっかり含む帰属意識がはたして結果するかどうかを知るという，それである。

たしかにわれわれがとにかく期待している"新しい"帰属意識なるものは，"ヨーロッパ的"であろうし，それは歴史の中の断絶を意味しはしないだろう。われわれはヨーロッパが歴史のなかで蓄積した文化的な富なしにヨーロッパを考えることはできないし，それの統合へのいかなる努力も，これらの富を統合するに至らなければ，空しいであろう。われわれは"われわれのもの"とは別の未来を願うことはできないであろうし，このことはつまり，われわれの起源に"われらの未来"を結びつけることを意味

＊　これは本シリーズで計画されており，広告も出ていたのだが，コスモス社の活動終了により，頓挫した。（訳注）

する。」*

　実際，ほかのいかなる過程も，ヨーロッパをブリュッセル——つまり，ユーロクラート化——と類義語にすることでしょう。ところで，こうなったら，まことに終焉の始まりになるでしょう。なにしろ，欧州統合の過程は，ユーロクラートとしてではなく，ヨーロッパ人として，ヨーロッパ市民として私たちが考えたり行動したりすることをも意味するからです。ヨーロッパや端的には世界に通じる道は，ユーロクラート化——これがいかなるものであれ——を通りはしなくて，ただ，その文化的・精神的遺産の活用を通るだけだ，と私は確信しております。とりわけ，ヨーロッパが実際上，商人や国民のそれではなくて，人びとや民衆のそれであるべきだというのであれば。

　6．私たちが所有しているヨーロッパの文化遺産はあまりにも多様なために，これを未分化な統一体と考えることはできないほどです。とはいえそれでも，ヨーロッパ文化を話題にすることは正当化されるのです。たとえば（古代および中世を例外的に無視して）ルネサンス期とか，啓蒙期のような，若干の現象を想起するだけでよいのです。そのほか，これら潮流の中には，特殊ヨーロッパ的，もしくはヨーロッパで誕生した思考形態や思考構造が存在します。若干例だけを引用するために，寛容および連帯の諸問題，国際的な権利や，理性の概念を挙げておきます。これらの概念は短い指摘をいくらか行うに値します。

　寛容についてお話ししますと，これらの原理について省察した

---

　　*　W. Kluxen, "Europas Identität und seine philosophische Erbschaft", in *Europa*, pp. 177*ff*.

り，また，これらの応用をも勧告したりしなければなりません。隣人や"他人"や"異邦人"すらにも実践しなければならない寛容が存在するのです。こういう寛容は，たとえ若干の限界を認めても，"敵"なる観念を拒絶します。寛容の限界は，理性やヒューマニズムの原理を尊重するという，侵すことのできない義務からも，また，普遍的な人間観からも，他文明，他の考え方，他宗教への尊敬からも，最後に，あれこれの司法的・哲学的体系や観点の相対化からも生じてきます。寛容の限界が課されるべきところは，非合理なイデオロギー的原理や，これから結果する行動態様がそれらの効果を発揮する場合，"他人"が"異邦人"を意味する場合，"他人"よりも"私たちに固有のもの"の優越性が主張される場合なのです。ですから，寛容は批判的前提によって条件づけられているわけです。

　同様に，人間の接触においても寛容の必要性を強調しなければなりませんし，また寛容への言及が不寛容な思考様式ないし行動様式をカムフラージュするのに役立つような，あらゆる試みに対抗して，寛容を実行しなくてはなりません。そのような「不寛容な寛容」を認めれば，"人間において人間性"を抑圧する結果に終わるでしょう。1793年以来，ヨハン・エーバーハルト・エアハルトが『人間性の啓蒙に関する随想』において明らかにしたように，人間性はあまりにもたやすくぺてん師の賭けとか，ほら吹きのファンとかになりがちだからです。現代のメディアのことを考えてみるならば，エアハルトの省察は200年も古いものではありますが，重大な焦眉性を有しております。このほか，彼の省察も示しているように，ヨーロッパの文化遺産なる資料体のうちに，私たちが今日でもさいなまれている諸問題に答えるための示唆は

見つかるのです。一つ以上の領域にかかわるもう一つの要素は，私たちが寛容について述べてきたばかりのことと密着した概念たる，連帯性です。社会というものは連帯性なしには考えられませんし，これなしに機能することはできません。連帯性という要素は，それぞれの社会集団の個々の利害を遠ざけて，人びとをみんなに共通のものに役立つように導くのです。この原理はあらゆる共同体，さらには，あらゆる社会の内的生活にとり，たしかに第一に役立つものです。ですが，この原理は，私たちの共同体と他の社会との関係に，したがって，他の国民，他の民衆，他の国家，他の宗教，等との私たちの関係にも，さらには，人類全体にまでも移し替えることが可能です。ですから，連帯性は一国民なり一国家なりが，他国民なり他国家なりと打ち立てている内外のあらゆる関係の一つの構成部分なのです。この脈絡では，敵が国家の存在や，市民の存在を決めるという，カール・シュミットのテーゼは拒否しなくてはなりません。

　連帯性は，社会的・知的な多くの"疎外"の因をなしている図式，"友‐敵"の図式とは両立し得ません。連帯性は不可分ですし，国家的および国際的政治の行動手段となるべきものです。それはあらゆる社会の社会的・政治的秩序の基本要素なのです。連帯性に関しては，私たちはヨーロッパの文化遺産内部における区別を想起させる，ロックよりもむしろ，J・J・ルソーに追随すべきなのです。連帯性をその構成要素の一つと見なさない社会は，個々の利害によってやすやすと砕かれ，かつ支配されることでしょう。大小の差は別にして，このことはまた，国際関係にも当てはまります。*

　＊ Sh. Avineri, "Solidarität und Realpolitik" in *Neue Zürcher*

とどのつまり，欧州文明と他の諸文化との出会い（新世界の征服）から生じた国際的権利を考察しなければならないのです。数世紀も以前に，人権問題に関して最初の論争が行われましたが，これはしかも国際的権利がかき立てた論争なのです。欧州文明と他の諸文化とのこの出会いは，相互の伝達手段の問題を提起しました。「かつては聖トマス・アクイナスにとって，アラブ人とのいざこざに関して伝達が問題だったように，不可欠な哲学思想は異なるさまざまな文明の発見から生じてくる。諸文化が相互に異なり，たとえば，キリスト教がイスラム教に反抗できるはずであり，要するに，この種の異なる精神的潮流が現われれば，どうしても共通の伝達手段，省察や熟考の手段に訴えざるを得なくなる。これは理性であろう。理性は実体でも虚構でもないが，万人を等しいもの，同じように判断できるものと見なしていると仮定しうるような，物事についての見方にとっては，それは特別な一つの視座なのである。

　諸文明の相対性についての歴史的経験は，理論的観点からは，理性なる観念を強いるし，しかも現代の合理主義哲学は，それ以来，捨ててもかまわないような現世の何らかの時機に，たまたま出現したのではないのだ。それは反対に，この地上に存在するさまざまな文明との接触でヨーロッパ人たちが味わった，この相対性の経験と不可分なのである」。*

　理性は追い払うことも，二分することもできません。そんなことをすれば，その実質を空にしてしまうか，または，私たちの欧

　　Zeitung, n. 34, 1994年2月11日号, p. 37.

　＊　H. M. Baumgartner, "Europa als Tema und Aufgabe der Philosophie", in *Europa*, p. 116.

州文化を成すものを放棄さえすることになりかねません。理論的・実際的理性の結合状態のままのそれが今日ではかつて以上に不可欠なのです。なにしろ，それは省察および伝達の視座を供してくれますし，またそれはさまざまな文明やさまざまな宗教の出会いのための出発点として役立つからです。このほかにも，それはいろいろの解決策や前望的目的を定式化したり，いつも回顧の中に留まらないためにそこに息吹きを与えたり，それらを目覚めさせたりすることを可能にします。思考の生産的干渉が可能となるのも理性を通してだけなのです。この干渉は現代を引き受けたり，私たちの世紀の真の偉大さを見分けるべく現代を明視したりすることを可能にしてくれるでしょう。

訳者あとがき

　本書は「哲学研究のためのイタリア研究所」(Istituto Italiano per gli Studi Filosofici) による"ヨーロッパ哲学と観念史会議"の一つ、《ヨーロッパ的思考——これはいったい何を意味するのか?——》(1997年4月、シャンティイの「レ・フォンテーヌ」文化センターで開催) と題するシンポジウムの全訳である。本シンポジウム以前には、1996年にナポリで《ヨーロッパと当代の知的状況》なる討論会が行われたのであり、両方とも、出発点は14ページにある M. Buhr 編『ヨーロッパの精神的遺産』(Napoli, 1994; 葡訳 Lisboa, 1998) にさかのぼる。本書は伊・仏・葡・独・チェコの当代のかくかくたる学者たちの発表論文集だけに、密度の濃い内容となっている。時期的には、訳者がちょうど海外研修中にリスボンで買い求めたものであり、21世紀の今日ではいささか out of date の個所もなきにしもあらずだが、そのまま収録した。たぶん、原書はわが国ではもう見つからないだろう。

　本書にも書かれているように、"ヨーロッパ"とは"世界"の類義語でもあるし、したがってわれわれ日本人にとっても決して人ごとではないはずである。これを深く考察することは、人類の未来を考察することに通じるからだ。

　翻訳は会議での発表を考慮して、会話調で統一した。

　同じコスモス社からは、ほかにも数点、類書が出ているようだが、訳者が当時ポルトガルで見つけたのは本書のみだった。その後、版権交渉のため、APEL に照会したところ出版社コスモス

が「活動を終えた」ことを知った。良質の出版社だっただけに，誠に残念の極みであるし，本訳は同社の記念碑ともなろうかと考えている。

　終わりに，多忙中，無理な企画を引き受けてくださった宮永捷氏に，紙面を借りて深謝申し上げる次第である。

2004年1月1日　藤沢台にて

谷口　伊兵衛

(付記)

　本書の類本としては，かつてF・シャボー『ヨーロッパとは何か』(清水純一訳，サイマル出版会，1977年)，W・ブレッカー『ヨーロッパ学』(峠尚武訳，公論社，1986年)が出たことがある。最近ではK・ポミアン『ヨーロッパとは何か』(松村剛訳，平凡社，1997年)，C・オクラン『ヨーロッパ統合の夢』(伴野文夫訳，NHK出版，2002年)をも挙げることができよう。

索　引

人名索引

ア　行

アウグスティヌス　13
アザール，ポール　12
アリストテレス　12
アロン，レーモン　59,60
アンリ，アンヌ　85
ヴァレリー，ポール　7,10,13
ヴェーバー，マクス　35
ヴェーユ，エリック　24
ヴェルナン，J-P　78
ヴント，W・M　89
エアハルト，ヨハン・エーバーハルト　104
エコ，U　20
エツィオーニ，アミタイ　56
エルヴェシウス，C-A　72
エンツェンスベルガー，ハンス・マグヌス　34
オールブライト，マドレーヌ　65

カ　行

カミュ，アルベール　25
ガリレイ，G　12
カント，I　14,81,89,93
キッシンジャー，ヘンリー　54
ゲエンノ，ジャン＝マリー　15,55
ゲーテ，J・W・フォン　78
ゲルケン，ゲルト，　42
ゴッホ，ファン　86
コール，M　59,72
ゴルヴィッツァー，H　81

ゴルバチョフ，P・A・M　65

サ　行

シェーラー，M　10
シェリング，F・フォン　11,89
シュトラウス，フランツ＝ヨゼフ　57
シュペングラー，O　10
シュミット，カール　105
ジョスパン，リオネル　63,64
ショーペンハウアー，A　85,86
ジンメル，ゲオルク　83〜94
スタロバンスキ，ジャン　32
スピノザ，R　14
聖トマス・アクィナス　106
聖パウロ　14
聖フランチェスコ，アッシジの　84
聖ヨハネ　14
セルヴァン＝シュライバー，J-J　57
ソクラテス　13

タ　行

ダーウィン，Ch　90
ダーレンドルフ，R　54
チャーチル，サー・ウィンストン　62
ディオニュシオス　96
ディドロー，D　31
デカルト，R　11,12,14,56
トゥーゲントハット，クリストファー　55
トゥレーヌ，アラン　54
ドゥロール，ジャック　57
トクヴィル，A・ド　58

ドティエンヌ, M 78
ドプチェク, A 63, 64
トフラー, アラン 41
トルストイ, L 90

ナ 行

ニーチェ, F 27, 86, 91
ニュルダン, J 81
ネイズビット, ジョン 41
ネール, サミ 67

ハ 行

ハイデッガー, M 10
バラタ＝モーラ, ジョゼー 74
ビスマルク, フュルスト・フォン 91
ヒューム, D 14
フィヒテ, J・G 96
フォレステル, ヴィヴィアーヌ 65, 66
フォントネル 14
フッサール, E 10, 11, 23, 92, 93
ブートルー, エミール 89
ブノワ, アラン・ド 28, 29, 38
プラトン 14, 96
ブランシュヴィク, レオン 12～14, 92
ブルジョワ, ベルナール 94
ブルデュー, ピエール 61
ブレヒト, ベルトルト 70
ブロック, ベーゾン 32
プロティノス 13
フロム, E 60
ヘーゲル, G・W・F 11, 75～79, 82, 83, 90, 94, 96, 97
ベーコン, F 56

ベーメ, ヤーコブ 89
ベルクソン, H 84, 87, 89, 90
ボーヴォワール, シモーヌ・ド 60
ホッブズ, T 29
ホブズボーム, エリック 36

マ 行

マイエルソン, イニャス 70, 77, 78
マルクス, K 62, 85
マルブランシュ, N 14
ミシュニク 62
ミュラー, ハイナー 28
ミンク, アラン 55
メルロ＝ポンティ, M 23, 24
モンテーニュ, ミシェル・ド 14

ヤ 行

ヤスパース, K 14

ラ 行

ライプニッツ, G 89
ラフォンテーヌ, O 64
リヒタ, ラドヴァン 63
リボー 89
ルカーチ, G 61
ルソー, J・J 105
ルネヴィル, ジャック・ロラン・ド 90
ルロワ＝ボーリュ 90
レオン, グザヴィエ 88
レペニエス 62
ロック, J 105

ワ 行

ワレサ, レフ 66,

書名索引

『新しい中世』 55
『アメリカの挑戦』 57
『大いなる方法の書』 70

『可視的なものと不可視的なもの。作業ノート付き』 23
『完全言語の探求』 20
「(カントからヘーゲルに至る) ヨーロッパのドイツ哲学」 94
『共同体の精神』 56
「近代文化の葛藤」 83
『現代世界の考察』 9
『国家』 13

『18世紀ヨーロッパ思想。モンテスキューからレッシングまで』 12
『ショーペンハウアーとニーチェ』 85
『精神現象学』 79
「精神の危機」 7, 8

『人間性の啓蒙に関する随想』 104

『百科全書』 31
『文明の十字路』 64

『魅惑』 8
『民主制と全体主義』 59
『民主制の終焉』 55

『ヨーロッパ意識の危機』 13
「ヨーロッパの観念」 87
『ヨーロッパ諸学の危機と超越的現象学』 10, 11, 23
『ヨーロッパ文化の危機におけるヨーロッパ人間性』 92

『論理学』 76

〔訳者紹介〕
本名：谷口　勇
　1936年　福井県生まれ
　1963年　東京大学大学院西洋古典学専攻修士課程修了
　1970年　京都大学大学院伊語伊文学専攻博士課程単位取得
　1975年11月～76年6月　ローマ大学ロマンス語学研究所に留学
　1992年　立正大学文学部教授（英語学・言語学・西洋古典文学）
　1999年4月～2000年3月　ヨーロッパ，北アフリカ，中近東で研修
　主著訳書　『ルネサンスの教育思想（上）』（共著）
　　　　　　『エズラ・パウンド研究』（共著）
　　　　　　『中世ペルシャ説話集』
　　　　　　「『バラの名前』解明シリーズ」既刊7冊
　　　　　　「『フーコーの振り子』解明シリーズ」既刊2冊
　　　　　　「アモルとプシュケ叢書」既刊2冊
　　　　　　『小説「ハリーポッター」入門』（フィリップ・ネル著）
　　　　　　『小説「ハリーポッター」案内』（ジュリア・エクルズヘア著）
　　　　　　『小説「ハリーポッター」探求』（パウル・ビュルヴェニヒ著）ほか

ヨーロッパ学事始め　──観念史の立場から──

2004年4月25日　第1刷発行

定　価　本体1500円＋税
編　者　M・ブール／X・ティリエッテ
訳　者　谷口伊兵衛
発行者　宮永捷
発行所　有限会社而立書房
　　　　〒101-0064　東京都千代田区猿楽町2丁目4番2号
　　　　振替 00190-7-174567／電話 03（3291）5589
　　　　FAX 03（3292）8782
印　刷　有限会社科学図書
製　本　有限会社岩佐製本

落丁・乱丁本はおとりかえいたします。
©Ihei Taniguchi, 2004. Printed in Tokyo
ISBN 4-88059-313-3　C1010

U・エコ監修『教養諸学シリーズ』

ウンベルト・エコ／谷口　勇訳

論文作法——調査・研究・執筆の技術と手順——

1991.2.25刊
四六判上製
296頁
定価1900円
ISBN4-88059-145-9 C1010

エコの特徴は、手引書の類でも学術書的な側面を備えている点だ（その逆もいえる）。本書は大学生向きに書かれたことになっているが、大学教授向きの高度な内容を含んでおり、何より読んでいて楽しめるロングセラー。

ウンベルト・エコ／谷口　勇訳

テクストの概念　—記号論・意味論・テクスト論への序説—

1993.3.25刊
四六判上製
328頁
定価1900円
ISBN4-88059-175-0 C1010

著者が『記号論』と『物語における読者』をもとに、平易に行ったブラジルでの講義録。ブラジル語版のほか、伊語原稿をも参照して万全を期した。

ウンベルト・エコ／谷口伊兵衛訳

記号論入門—記号概念の歴史と分析—

1997.5.25刊
四六判上製
272頁
定価1900円
ISBN4-88059-228-5 C1010

西・葡・独・仏の各国語に訳された"記号"についての最適の入門書。J.M.Klinkenbergの改訂仏訳を底本にした。

ウンベルト・エコ／谷口伊兵衛訳

中世美学史—『バラの名前』の歴史的・思想的背景—

2001.12.25刊
四六判上製
304頁
定価1900円
ISBN4-88059-281-1 C1010

ウンベルト・エコの学問・思想の原点を開示する名著。13カ国に翻訳され、エコの名を世界にこだまさせることになる。

O・カラブレーゼ／谷口伊兵衛訳

芸術という言語　—芸術とコミュニケーションとの関係についての序説—

2001.3.25刊
四六判上製
304頁
定価1900円
ISBN4-88059-273-0 C1010

芸術は果たして言語をモデルとして体系化できるのか？
U・エコに師事し、モスクワ・タルトゥ学派の業績を根底にして、芸術記号論の構築をめざす。原題は Il linguaggio dell'arte.

P・ラゴーリオ／谷口伊兵衛訳

文学テクスト読解法　—イタリア文学による理論と実践—

1997.9.25刊
四六判上製
192頁
定価1900円
ISBN4-88059-231-5 C1010

Come si legge un testo letterario の全訳。
有名な記号論学者マリーア・コールティの序文付き。イタリア文学を素材に、平易に解説した手引書。文学入門として好適。

ウンベルト・エコ他／谷口伊兵衛編訳	1999.3.25刊 四六判上製 324頁 定価1900円 ISBN4-88059-260-9 C1010

エコの翻訳論——エコの翻訳とエコ作品の翻訳論——
教養諸学シリーズ⑤

レーモン・クノーの『文体練習』を自らイタリア語訳することで、早くから翻訳方法論を実践してきたエコの記号論的翻訳論と、『バラの名前』の各国の翻訳者たちの方法論やその出来映えを論じた諸論文を収録。

G・アプリーレ／谷口 勇、G・ピアッザ訳	1993.4.25刊 四六判上製 320頁 定価1900円 ISBN4-88059-174-2 C1011

愛とは何か——万人の幸福のために——

類書は巷間に珍しくないが、意外に良書は乏しい。イタリアの性学者・精神分析医による本書は、砂漠の慈雨といってよい。「愛の科学シリーズ」の一冊。

W・パジーニ／谷口 勇、G・ピアッザ訳	1993.3.25刊 四六判上製 288頁 定価1900円 ISBN4-88059-192-0 C1011

インティマシー〔親密論〕——愛と性の彼方で——

ジュネーヴ大学の精神医学教授の手になる本書は、エイズ時代の今日、真の人間性とは何かを"インティマシー"を通して平易に解説している。イタリアのベストセラー。「愛の科学シリーズ」の一冊。

L・デ・マルキ／谷口伊兵衛訳	近刊

愛と死

「愛の科学シリーズ」の一冊。

ヨルゴス・D・フルムジアーディス／谷口勇訳	1989.2.25刊 四六判上製 344頁 定価1900円 ISBN4-88059-122-X C1022

ギリシャ文化史　古代・ビザンティン・現代

作家であり詩人でもあるギリシャ人の手による鳥瞰図的通史。とりわけ、言葉を中心にすえた近代ギリシャ文化創生の苦闘と、ニコス・カザンツァキスを中心とする"現代篇"、"ビザンティン篇"は類書をよせつけない。

ダリオ・G・マルティーニ／谷口勇、G・ピアッザ訳	1992.10.10刊 四六判上製 160頁挿絵入り 定価1500円 ISBN4-88059-167-X C0023

コロンブスをめぐる女性たち

Ⅰ章「コロンブス—悪徳と美徳—」、Ⅱ章「コロンブスをめぐる女性たち」。イタリアの劇作家・コロンブス研究家によるユニークなコロンブス伝。ゆかりの女性たちを花々にたとえて生き生き描き出す。

ルチャーノ・デ・クレシェンツォ／谷口　勇訳	1986.11.25刊

四六判上製
296頁
定価1800円
ISBN4-88059-098-3 C1010

物語 ギリシャ哲学史Ⅰ　ソクラテス以前の哲学者たち

　古代ギリシャの哲学者たちが考え出した自然と人間についての哲理を、哲学者たちの日常生活の中で語り明かす。IBMのマネジャーから映画監督に転進した著者は、哲学がいかに日常のことを語っているかを伝えてくれる。

ルチャーノ・デ・クレシェンツォ／谷口伊兵衛訳	2002.10.25刊

四六判上製
302頁
定価1800円
ISBN4-88059-284-6 C1010

物語 ギリシャ哲学史Ⅱ　ソクラテスからプロティノスまで

　前篇に続く、有益で楽しい哲学史ものがたり。前篇以上に著者の筆致は冴えわたる。独・仏・スペイン・韓国等の各国語に翻訳され、いずれも大成功を収めている。

ルチャーノ・デ・クレシェンツォ／谷口伊兵衛訳、G・ピアッザ訳	2003.11.25刊

四六判上製
216頁
定価1800円
ISBN4-88059-308-7 C1010

物語 中世哲学史　アウグスティヌスからオッカムまで

　ギリシャ哲学史に続く、著者の愉快この上ない面白哲学講義。イタリアのジャーナリズム界の話題をさらった一冊。

ルチャーノ・デ・クレシェンツォ／谷口伊兵衛訳、G・ピアッザ訳	2004.2.25刊

四六判上製
200頁
定価1800円
ISBN4-88059-310-9 C1010

物語 近代哲学史　クザーヌスからガリレオまで

　ルネサンス期を近代の誕生と捉え、中世以上に血の流れた時代を生々しく描く。著者のもっとも円熟した一冊。イタリアで大ヒットしている。

ルチャーノ・デ・クレシェンツォ／谷口伊兵衛訳	近刊

自　伝――ベッラヴィスタ氏の華麗な生涯――

　デ・クレシェンツォの哲学者的な一生を軽妙な筆致で描き切る。映画化計画中。スペイン語他の外国語への翻訳もいくつか計画されている。

ルチャーノ・デ・クレシェンツォ／谷口伊兵衛、G・ピアッザ訳	2003.9.25刊

B5判上製
144頁
定価2500円
ISBN4-88059-297-8 C0098

クレシェンツォのナポリ案内――ベッラヴィスタ氏見聞録――

　現代ナポリの世にも不思議な光景をベッラヴィスタ氏こと、デ・クレシェンツォのフォーカスを通して古き良き時代そのままに如実に写し出している。ドイツ語にも訳された異色作品。図版多数。

ヴォルフガング・カイザー／谷口伊兵衛訳　　　　　　　　　　　　近刊

文芸学入門——文学作品の分析と解釈——

文芸学の古典。ポルトガル・スペイン語版を底本に、ルーマニア語、韓国語各版の注、解説。「カイザー『文芸学入門』刊行50年記念論集」(2001年)からも論文を収録した国際色豊かな決定版。

ディオニーズ・デュリシン／谷口勇訳　　　　　　　　　　　　2003.2.25刊
　　　　　　　　　　　　　　　　　　　　　　　　　　　　　A5判上製
理論　比較文学
　　　　　　　　　　　　　　　　　　　　　　　　　　　328頁口絵1頁
　　　　　　　　　　　　　　　　　　　　　　　　　　　　定価5000円
　　　　　　　　　　　　　　　　　　　　　　　ISBN4-88059-301-X C1098

スロヴァキアの学者による原著の待望の邦訳。《影響》概念の見直し、文学間過程、発生論的接触と類型論的類似性などから、世界文学の唱道へと至る。雄大なスケールをもって、比較文学研究を体系化する野心作。

アドリアン・マリーノ／谷口伊兵衛訳　　　　　　　　　　　　　　近刊

文学観念批判

現在までの文学観念を総浚いし、新しい文芸学の構築を目指す、ルーマニアの逸材が世界に問うた大著。独・仏訳あり。

ダマン・アロンソ／谷口伊兵衛訳　　　　　　　　　　　　　　　　近刊

文体論の方法と限界

スペインが生んだ大学者の遺著『スペインの詩』の本邦初訳。あまりにも大部のため、ドイツ語版を底本に簡約した。伊・蘭訳もある。

A・ナヴァッロ・ペイロ／谷口伊兵衛訳　　　　　　　　　　　　　近刊

セファラード文学史

スペイン系ユダヤ人の輝かしい文学の歴史をリアル・タッチで描述した、簡にして要を得た入門書。図版入り。

L・T・アルカライ／谷口　勇訳　　　　　　　　　　　　　　1996.1.25刊
　　　　　　　　　　　　　　　　　　　　　　　　　　　四六判上製
セファラード——スペイン・ユダヤ人の500年間の
　　　　　　　　　　　　　　　　　　　　　　　　　　　　　　288頁
　　　　　　　歴史・伝統・音楽——
　　　　　　　　　　　　　　　　　　　　　　　　　　　　定価2400円
　　　　　　　　　　　　　　　　　　　　　　　ISBN4-88059-210-2 C0039

流浪の民の隠れた文化を音楽中心に描き尽くしている、絶好の入門書。著者は音楽家。別売りカセットテープ1500円。